中华末茶器考古简论

徐中锋　梁文涟　著

东南大学出版社
·南京·

图书在版编目(CIP)数据

中华末茶器考古简论 / 徐中锋，梁文涟著．-- 南京：东南大学出版社，2022.12

ISBN 978-7-5766-0564-8

Ⅰ．①中…　Ⅱ．①徐…　②梁…　Ⅲ．①茶具－考古－研究－中国　Ⅳ．①K875.24

中国版本图书馆 CIP 数据核字 (2022) 第 243603 号

责任编辑：张丽萍　　责任校对：张万莹　　封面设计：毕　真　　责任印制：周荣虎

中华末茶器考古简论

Zhonghua Mochaqi Kaogu Jianlun

著　　者：徐中锋　梁文涟
出版发行：东南大学出版社
社　　址：南京市四牌楼2号
网　　址：http://www.seupress.com
经　　销：全国各地新华书店
印　　刷：南京新世纪联盟印务有限公司
开　　本：700 mm×1000 mm　1/16
印　　张：8.25
字　　数：142千字
版　　次：2022年12月第1版
印　　次：2022年12月第1次印刷
书　　号：ISBN 978-7-5766-0564-8
定　　价：38.00元

目　录

第一章
绪论

何为“末茶”？中国古代，茶可分为饼茶、末茶、粗茶、散茶，饮茶方式从药茶、羹茶、煎茶、点茶到泡茶。明代丘濬《大学衍义补·制国用·山泽之利下》中有：

“茶有末茶，有叶茶……唐宋用茶，皆为细末，制为饼片，临用而辗之。唐卢仝诗所谓‘首阅月团’、宋范仲淹诗所谓‘辗畔尘飞’者是也。《元志》犹有末茶之说，今世惟闽广间用末茶。而叶茶之用，遍於中国，而外夷亦然，世不复知有末茶。”[①]

“末”即“碎末”，点茶、羹茶、煎茶甚至药茶均需将茶碾碎。“碾雕白玉、罗织红纱，铫煎黄蕊色，碗转曲尘花。”末茶制作更加讲究、规范更加繁琐，末茶道的应用来自传统养生及待客之道，与人文主线、意象精神息息相关。

“末茶”与“抹茶”是一致的。日本人所称呼的“抹”，其实是 mò，同“末”，而非 mǒ。“《标准日汉汉日辞典》中‘抹’字下无‘抹茶’词条，但日语假名‘まっちゃ’解释为：抹茶（名）粉茶，末（儿）茶，面（儿）茶。该词条强调“抹茶”的粉末状形态。《新明解日汉词典》中‘抹’字义项下有‘抹茶’词条，其注解是：粉茶，将绿茶碾细成细粉制成的上等茶。”[②]

① 【明】丘濬：《大学衍义补》，《四库全书荟要》，清乾隆四十三年（1778 年），复印本。丘濬（1421—1495 年），字仲深，海南琼山人，明中期重要经世儒臣之一，一生著述较多，如《大学衍义补》《家礼仪节》等，后人多赞誉为“当代通儒”。

② 朱海平：《“抹茶”读音浅析》，《语文建设》，2021 年第 18 期，第 75–77 页。

第一节　末茶器历史的研究内容

在末茶文化研究中，历代末茶器的考古材料较多，且和陶瓷学、器物学以及艺术史论等紧密相连，有较高的研究价值，但截至目前，对末茶文化综合性的研究还是很少。我们研究末茶文化，不能只停留在表面，要真正从末茶器的考古实证出发，总结茶道传统文化的核心区，探讨器物的组合逻辑与审美表达，从而达到拯救文化遗产、弘扬茶道文化的目的，回归末茶精神的本真与自然。

本论著是关于末茶器考古的一个综合研究，建构在历代末茶器的考古新发现以及考古调查新资料之上。同时，结合史籍、名画、诗赋等，对末茶器的造型、色彩、组合等进行溯源整理及价值分析。

一、末茶器的历史溯源

中国茶文化是世界茶文化的源头，英式红茶、日式抹茶等都源自中国。饮茶是一种生活方式，要探讨英式红茶中的时尚性以及日式抹茶中的仪式感，都要从中国茶道品位中的尚清淡、品玄趣、讲容饰、达率真、追飘逸、通神明讲起。中国茶道与中国文人传统的清高雅逸、自省放达相关联，核心是东方古典哲学。华夏民族有博大精深、兼容并蓄的民族精神，毫不介怀优秀的文化品质输出，这也与海外贸易的繁盛发展相关，但英式红茶徒留闲适、奢侈风尚，日式抹茶中太过流于形式和玄虚，都没有学到中国茶道的真正意象和审美。

传统末茶所使用的器皿，在各时期、各区域有很多差别，唐代多金银器，宋代多陶瓷器，在“合宜使器”的原则下发挥传统工艺的创造性。有些经典器型，能代表茶器审美的极致创造，如：法门寺地宫出土的唐代琉璃带托盏；陕西博物院藏宋代定窑白瓷台盏；元代漳县汪世显家族墓出土琉璃莲花带托盏等，甚至可以从“茶器哲学”或者“茶器美学”的角度去研究。在末茶器的发展过程中，器物造型受到不同时代不同思想、审美、造物等观念影响，社会的精神和气韵物化其中，代表“流行”美学，即所谓“名品”或“长物”。

二、末茶器的研究内容

2014 年 3 月，由苏州博物馆策展的“古韵茶香——茶具与茶文化主题特展”；2016 年 4 月，在北京大学赛克勒考古与艺术博物馆举办的“昔年茶事——河南巩义新出唐代茶器”展，以及杭州的中国茶叶博物馆的一些常设展等,都可以清晰地感受到这一类茶器文化的品位和价值。如果归类的话，主要有两个方面，一方面是历代皇室或者上层社会所创造的茶器；一方面是民间或者民众中流行的茶器。

所以，本论著的主要研究目的不仅仅在于呈现末茶器发展的自我状态，更是从末茶器出发展现历史与人文承载，分别涵盖了：

（1）具有典型意义的末茶器内容梳理。

（2）考古发掘或考古调查中的末茶器材料所包含的创造性价值。

（3）末茶器所承载的时代审美特征。

（4）末茶器所代表的中西文化交流。

（5）末茶器文化与其他优秀传统文化之间的关联。

第二节　末茶器研究的主要成果

“自 1994 年，法门寺博物馆首次主办唐代茶文化国际学术讨论会以来，已连续举办了五届。在 2017 年第五届唐代茶文化国际学术讨论会上，国内外学者围绕法门寺地宫出土唐代宫廷系列金银茶器和秘色陶瓷实物资料和中国宫廷茶文化及中国茶文化的形成和发展，分别从‘茶器与茶艺’‘茶文化与宗教’‘一带一路背景下的茶贸易’等方面就‘丝绸之路与中国茶文化’进行深层次交流和探讨。”[①]

一、末茶器的初期研究成果

初期对于末茶器文化的研究成果虽然不多，但相当重要，主要有：

1963年，冯先铭《从文献看唐宋以来饮茶风尚及陶瓷茶具的演变》一文中，以历史文献材料作为研究重点，对唐宋时期陶瓷茶具的发展、演变及饮茶风尚进行了详尽梳理，为后世末茶考古学及文化学的研究进行了基础铺垫[②]。

1982年，孙机曾著《唐宋时代的茶具与酒具》，将出土资料与历史文献相结合，有针对性地介绍了各地考古发现及博物馆收藏中的唐宋时期茶具、酒具，并进行了考古类型学的归纳。同时指出，在唐代至元代前期，我国饮茶法主要以末茶法为主，这一时期的古代茶具均为末茶法所用之茶具[③]。

1994年，康煜《谈唐宋时期的碾茶具》一文中，通过对历代茶碾资料的搜集整理，研究重点放在了茶碾、茶研的类型学研究上，完善了对唐宋时期末茶茶具的认知。该文的研究首次对单一类型茶具进行比较和考证，对于茶碾的形态、演变、用法等都给出了较为详尽的解释[④]。

1988年，韩伟所著《从饮茶风尚看法门寺等地出土的唐代金银茶具》一文中，对以法门寺为主的唐代茶具做了详细的分析，提出“中国茶具配套成熟于盐茶阶段即唐宋时期”。并认为，根据我国历代丰富的茶书，结合中华人民共和国成立以来出土的各类唐代金银茶具，阐明唐代茶事对研究古代社会生活是不无裨益的。我国茶叶最初名为“荼”，古代还曾以槚、茗、荈、蔎、苦荼、葭荼、芳荼、荼草、荼果、过罗、物罗、皋芦、游冬、酪奴等称

---

① 李晓源：《近二十年来关于“唐代茶文化”论文的研究》，《茶叶》，2019年第4期，第228页。
② 冯先铭：《从文献看唐宋以来饮茶风尚及陶瓷茶具的演变》，《文物》，1963年第1期，第8–14页。
③ 孙机：《唐宋时代的茶具与酒具》，《中国历史博物馆馆刊》，1982年第0期，第113–123页。
④ 康煜：《谈唐宋时期的碾茶具》，《文物春秋》，1994年第3期，第52–54页。

茶叶。这些名称多与方言有关，反映了我国饮茶历史早、地域宽、规模大的历史事实[①]。

二、末茶器的中期研究成果

20 世纪 90 年代之后对末茶器的研究成果已经非常之多，主要有：

1991 年，暨远志在《唐代茶文化的阶段性——敦煌写本〈茶酒论〉研究之二》中将唐代茶文化划分为三个阶段。他认为，第一阶段，在公元 780 年以前，以陆羽的《茶经》为标志，唐代茶文化逐渐形成，饮茶习惯从长江以南的局部地区发展到全国各地，形成了唐代饮茶风俗，以细煎慢品为特色，把煎茶、品茶作为一种寄托感情、表现自我的文化活动来加以追求；第二阶段，以敦煌写本《茶酒论》为标志，饮茶风俗波及回鹘、吐蕃等域外之地，全国也形成了新的产茶格局；第三阶段，也就是法门寺茶具所标志的晚唐时期，煮茶法逐渐被点茶法所代替，茶具种类的完备、烹点技术的讲究，都为宋代茶文化奠定了基础。特别是榷茶的确立，更开了中国后代榷茶的先例[②]。

1995 年，王仓西、田生华在其《法门寺塔地宫出土茶具与〈茶经・四之器〉对比研究》一文中将《茶经》中的茶器与地宫出土文物一一进行了比对，并认为："晚唐皇宫茶道还是以烹茶之道为主。"与暨远志观点不同，二人就此观点有所争议[③]。

1996 年，吴骥《铜盏・出土的宋代茶具》一文以 1982 年 5 月福建省建瓯市南雅南村出土的 12 件铜茶器为切入点，展开对茶具历史的认识。他认为，俗称"铜瓯仔"的铜茶盏，可因高低、厚薄，叩之发出不同音响，并可加减水量以调音，犹如金玉之声。由于当时建安龙凤茶风靡全国，茶盏

---

① 韩伟：《从饮茶风尚看法门寺等地出土的唐代金银茶具》，《文物》，1988 年第 10 期，第 44-56 页。

② 暨远志：《唐代茶文化的阶段性——敦煌写本〈茶酒论〉研究之二》，《敦煌研究》，1991 年第 2 期，第 99-107 页。

③ 王仓西、田生华：《法门寺塔地宫出土茶具与 <茶经・四之器 > 对比研究》，《农业考古》，1995 年第 2 期，第 168-171 页。

能以打击响声而助兴，铜茶盏也流行各地[①]。

2007 年，徐飚所著《两宋物质文化引论》一书，从“道德寓意与礼义象征”角度对宋人日用器服的审美观进行探讨，以茶碾为例，分析了碾茶具自唐到宋时形制上的精微变化。并认为：在物质文化领域，宋代文化形象的矛盾性突出体现，创新与复古兼济并行，它所创立的制度、法式为物质文化的后续发展奠定了基础，成为某种“新”古典的范式来源，这一点使得宋代物质文化格外焕发出一种迷人魅力，引导着研究者将探究的目光投向其历史经验的方方面面[②]。

2007 年，高良《“越州上”与“邢不如越”：唐代专用陶瓷茶器的生产及其文化内涵》一文中，对唐代越窑青瓷和邢窑白瓷的茶碗进行了细致全面的比较研究，认为陆羽做出“越州上”的评价既是从物质生活的实用考虑，更是从精神境界的升华出发，是兼顾茶碗的物质功能适用性、人文精神取向和审美趣味等进行综合考虑后的最佳选择[③]。

三、末茶器的最新研究成果

近十年来对于末茶器文化后的研究，更多地集中于末茶起源、器物考证、图像朗读等方面，主要有：

2012 年，黄晓枫发表《成都平原考古发现的宋代茶具与饮茶习俗》一文，对四川成都平原出土的宋时茶具进行考古学分析，并对当时的饮茶习俗给出了自己的判断[④]。

2014 年，陈邵龙《邵武市黄涣墓出土宋代茶具研究》一文，对福建省邵武市宋代黄涣墓出土的茶具进行了个案研究。他认为：两宋时期，建茶独步天下，引领全国茶业潮流。北苑御茶园、御焙作坊遗址及建窑遗址的

---

① 吴骥：《铜盏 · 出土的宋代茶具》，《农业考古》，1996 年第 4 期，第 179–180 页。

② 徐飚：《两宋物质文化引论》，江苏美术出版社，2007 年 7 月版。

③ 高良：《“越州上”与“邢不如越”：唐代专用陶瓷茶器的生产及其文化内涵》，《齐鲁艺苑》，2007 年第 2 期，第 39–41 页。

④ 黄晓枫：《成都平原考古发现的宋代茶具与饮茶习俗》，《四川文物》，2012 年第 2 期，第 42–49 页。

发现，印证了文献记载，还原了历史风貌；而黄涣墓出土的成套精美茶具，不但为宋代建茶的兴盛提供了实物佐证，还填补了多项宋代茶具空白[①]。

2017 年，马守仁发表《唐宋时期禅宗寺院茶汤煎点礼仪》一文，以唐代百丈怀海禅师《古清规》和宋代宗赜禅师《禅苑清规》为主要参考资料，总结出“煎点”对禅寺的意义。他认为，当时出现的“煎点”二字，不仅是唐代煎茶法和宋代点茶法的合称，也指禅寺中煎汤和点茶的具体礼仪，从吃茶时出茶状、茶榜，到敲击茶板、茶鼓，以及烧香、行茶、浇汤、劝吃茶、行茶、谢茶等过程，显示出“客至点茶，欲去煎汤”待客俗礼的宗门化，茶汤礼仪越来越严格和庄重[②]。

2017 年，乐素娜《唐画中的煮茶场景及茶具文物考》一文认为，唐代主流的饮茶方式为“煮茶法”，要经过炙茶、碾茶、罗茶、煮茶、酌茶等多道程序，所用到的茶具也非常之多。一些唐代茶具文物历经千年，通过考古发掘才为世人所见，这为研究唐代“煮茶法”、探索千年前的饮茶风尚提供了实物见证[③]。

2017 年，宗伟方在《元代金字末茶与红茶起源》一文中，联系古今中外关于红茶起源的记述和考证，摆脱红茶起源于福建桐木关的窠臼，认为江南茶区生产的“金字末茶”是最早的红茶。也就是说早在 13 世纪末，中国就能大量生产这种红茶，除了供皇家饮食之外，还用于布匹的染色。该论文将中国红茶的诞生时代，从普遍认为的“明末清初”，推前至元代中后期，为红茶起源研究，提供了一种新视角和新思路[④]。

2018 年，胡小兵撰写《唐至清陶瓷茶器的理想择用》一文，认为：茶从起初的果腹到精神意象书写，透视着社会文化生活与风俗的变迁。饮茶方式的改变，致使茶器在形制、釉色、择用标准等方面发生改变。同样，茶器也相应地承载了茶文化的社会价值。传统茶道，以器载道，教会国人如

---

① 陈邵龙：《邵武市黄涣墓出土宋代茶具研究》，《福建文博》，2014 年第 3 期，第 30–34 页。
② 马守仁：《唐宋时期禅宗寺院茶汤煎点礼仪》，《农业考古》，2017 年第 2 期，第 152–159 页。
③ 乐素娜：《唐画中的煮茶场景及茶具文物考》，《农业考古》，2017 年第 5 期，第 47–53 页。
④ 宗伟方：《元代金字末茶与红茶起源》，《农业考古》，2017 年第 5 期，第 208–215 页。

何善待与尊重文化[①]。

2021 年，邓莉文、陈曼玉、戴向东合著《宋代文人集会茶画中茶器色彩的图像解读》一文，以宋代文人集会茶画中的茶器为研究对象，用图像学分析法，图像与史料、文物的对比研究法，认为茶画带茶器色彩的表现有以下特征：以尚玉崇青的青白瓷、道用相彰的黑色瓷、彰显材质本色的竹木石茶器为主流；宋代文人群体对茶器色彩趋向文雅、素淡、简致的审美；宋代文人受理学“备物致用”思想影响，在时代经济与技术的保障下，茶器的功能与色彩得以统一[②]。

① 胡小兵：《唐至清陶瓷茶器的理想择用》，《戏剧之家》，2018 年第 30 期，第 103–105 页。
② 邓莉文、陈曼玉、戴向东：《宋代文人集会茶画中茶器色彩的图像解读》，《家具与室内装饰》，2021 年第 10 期，第 14–17 页。

第二章

末茶器的全盛架构

之所以将隋唐时期界定为末茶器考古的首要时间，是因为隋唐时期不仅是出土末茶器最多、最完整的一个时期，更是中国末茶文化发展的第一个鼎盛期。“中国茶文化兴于唐而盛于宋，唐代中期茶叶种植从西南一带渐渐向长江、淮河流域北移，茶叶加工技术的改进，大大促进唐代茶业经济的繁荣，出现了贡茶、榷茶、茶税。大运河的繁荣及禅宗对茶文化向北传播有极大影响。”①

第一节　唐代之前的末茶器

著于东汉之前的《桐君采药录》中有：“西陽、武昌、庐江、昔陵好茗，皆东人作清茗。茗有饽，饮之宜人。凡可饮之物，皆多取其叶。天门冬、拔揳取根，皆益人。又巴东别有真茗茶，煎饮令人不眠。俗中多煮檀叶，并大皂李作茶，并冷。又南方有瓜芦木，亦似茗，至苦涩，取为屑茶饮，亦可通夜不眠。煮盐人但资此饮，而交广最重，客来先设，乃加以香芼辈。”②自此文中可见，两汉之时，“煎茶”“煮茶”之法在南方已经较为常见，而其中的“屑茶”，应该就是末茶。可以肯定的是，无论怎么个饮茶法，“好茗”之风与汉文化源起是一致的。

① 吴晓力：《从饮茶方式转变看中国茶具之演化》，《茶博览》，2020 第 9 期，第 12 页。

② 《桐君采药录》是我国也是世界上最早的一部制药学专著，撰写时代至少是在公元 1 世纪之前。桐君是古代早期药学家，有关记载最早见于春秋时代古史《世本》一书中。南朝齐、梁时道教学者陶弘景也曾有：“上古神农作为《本草》……其后雷公、桐君更增演《本草》，二家药对，广其主治，繁其类族。”

一、关于末茶的文化源起

“末茶”最早的分类制作方法以及“末”字最早的出现是在三国张揖所著《广雅》之中：“荆巴间采叶作饼，叶老者，饼成以米膏出之。欲煮茗饮，先炙令赤色，捣末置瓷器中，以汤浇覆之，用葱、姜、橘子芼之。”所以，末茶制饮中的炙烤、捣末或者碾末、加盐，或者其他调料等法式，由来已久。在这一漫长的早期发展过程中所用到的茶器，或者并没有与其他生活器皿分得很开，除了看到的“茶盏”“茶罍”之外，在其他诸多陶瓷器、漆器、玉器等考古发掘或博物收藏中，较少有独立标注的茶器。

这一阶段主要的茶器发现有：

（1）汉代双瑞青铜兽耳釜，高 10 厘米，口径 18.6 厘米，敛口，鼓腹下垂，圆底，口沿有两螭龙钮，龙的双角向内，龙首向外张昂，龙身为圆环形，龙尾上翘，灵逸生动，中国茶叶博物馆藏品（见图 1）。汉代王褒《僮约》中有“烹茶尽具”“武阳买茶”之记载，可见当时以煮茶为主，此青铜茶釜为重要的煮茶器具之一。

图 1　汉代双瑞青铜兽耳釜（源自：中国茶叶博物馆）

图 2　汉代绿釉陶推磨俑（源自：中国农业博物馆）

（2）汉代绿釉陶推磨俑，洛阳出土，中国农业博物馆藏品（见图 2）。旋转型圆形石磨大致在战国时期就已经出现。石磨由上下两扇带齿的扁圆形石块组成，上扇有注入谷物的圆孔，下扇有轴，两扇相合转动，从而加工食物，这是加工农具史上的重大突破，是我们中华民族饮食史上的一大进步。像这样小型的石磨，一个人即可完成工作，属于家庭常用工具，一般都用来加工豆腐、末茶等。

图 3　东汉末至三国青瓷印纹四系“茶”字罍（源自：湖州博物馆）

（3）东汉末至三国青瓷印纹四系“茶”字罍，高 33.7 厘米，口径 5.7 厘米，腹径 36.3 厘米，出土自湖州窑墩头古墓，湖州博物馆藏品（见图 3）。丰肩鼓腹、圆唇直口，色呈黄褐，施釉不及底，造型古朴、工艺精湛，腹部印菱形几何纹，肩饰两弦纹并横置对称四系。最为重要的是，这件青瓷罍的肩部刻有一个隶书的“茶”字，与现在的“茶”字几乎一模一样，证明为最早期的贮茶器。

（4）西晋青釉鸡头壶，高 9 厘米，口径 4.5 厘米，底径 5.2 厘米。盘口，短颈，

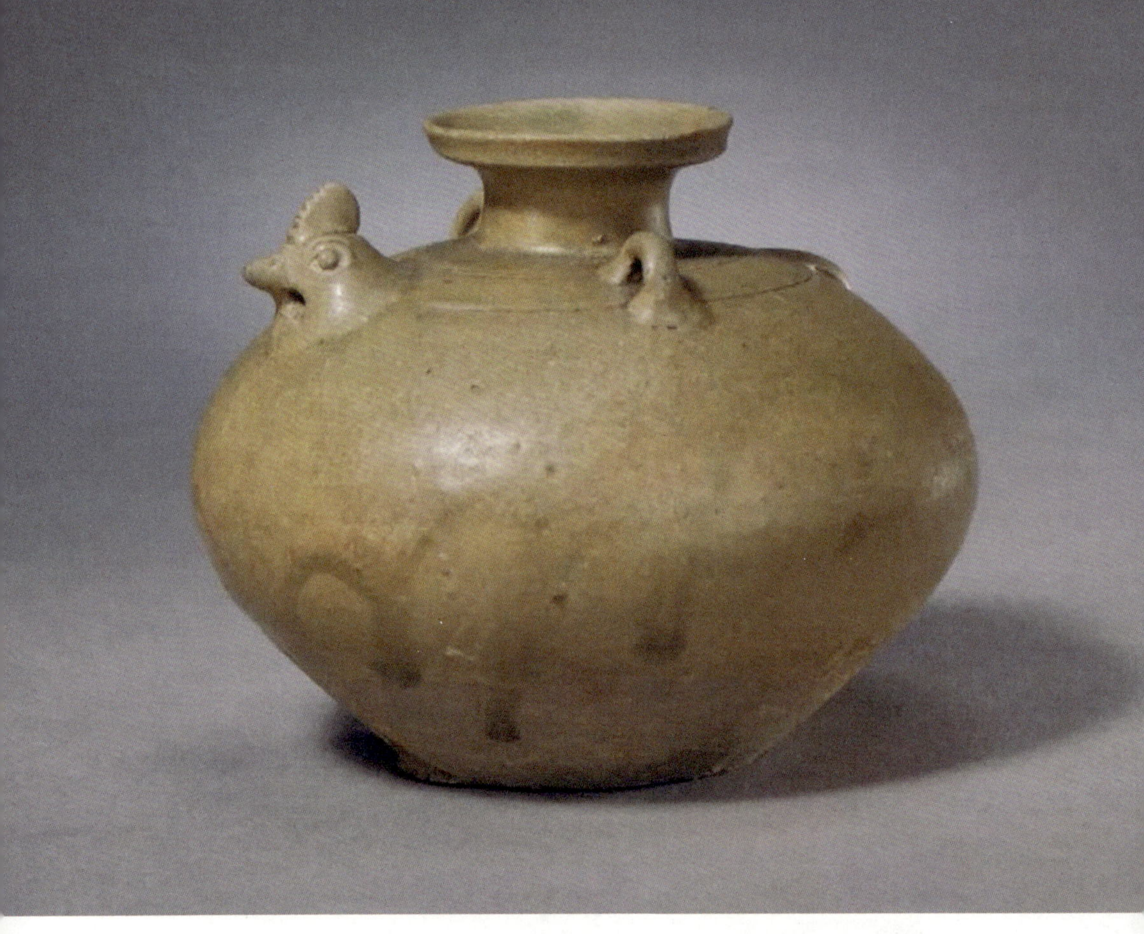

图 4　西晋青釉鸡头壶（源自：故宫博物院）

鼓腹，近底渐收，平底。外壁着青釉至下腹，底部露胎，故宫博物院藏品（见图 4）。肩部一侧装饰鸡首，空心，作出水口，另一侧贴鸡尾。有双系，是早期汤瓶的一种特定样式。

（5）南朝青釉点褐彩茶托，高 2.5 厘米，口径 14 厘米，口部微敛，装饰褐彩，内刻划十一瓣莲花，浅弧腹，平底，时代特征明显，中国茶叶博物馆藏品（见图 5）。这一件承盏的茶托，是为防止茶杯烫手而专门设计的，在早期也有将茶盏和盏托连在一起的器型。

（6）南朝青釉点褐彩碗，高 4.6 厘米，口径 10.8 厘米，底径 4.5 厘米。敞口，弧腹，平底。白胎，器身施一层薄青釉，伴有自然的开片现象。口沿一圈点褐彩，器内底刻莲瓣纹，中国茶叶博物馆藏品（见图 6）。东汉时期越窑青瓷逐渐成熟，至两晋南北朝，迎来第一个陶瓷文化高峰。而此时，饮茶之风已沿长江传播至江南一带，瓷器中的盏托、茶碗等都渐渐多了起来。

图 5　南朝青釉点褐彩茶托（源自：中国茶叶博物馆）

图 6　南朝青釉点褐彩碗（源自：中国茶叶博物馆）

对于早期茶器的研究，要和当时其他生活器皿以及礼仪规范等关联起来，并以历史学考据方法为主，贯通考古学、文物学、民俗学等，方可在物证相对缺乏的情况下把问题说得清楚。这里边有几个要点在于：（1）要对烧制白陶、印纹硬陶、越窑、瓯窑等其中的精品进行筛选，以发现典型器，从而和文献资料相印证；（2）“茶”字，在古代写作“荼”的时间较长，同时也写作“檟、蔎、茗、荈”等。在两汉时期，在金文、碑刻、刻陶中又有很多变形，所以在做资料整理时要加以关注；（3）在隋唐之前，茶器很多时候是和酒器、食器混用的，文献中也常出现“茶酒器”字样，所以，在资料整理过程中，要具体情况具体对待。

二、隋代主要末茶器考古

为什么要将隋代单列来讲呢？这是因为，隋代结束了长达近300年的割据混战局面，统一了全国，政治的稳定、经济的发展都给茶文化带来了跨越式的发展，为唐代末茶文化走向巅峰做好了铺垫。隋代统一全国，初创三省六部制、正式推行科举制、兴建隋唐大运河、实行均田制并改定赋役等，在政治、经济、文化以及外交等领域都有较多建树。同时，深刻影响周边国家，当时已经有较多“遣隋使”出现。隋代陶瓷茶器品类繁多，有了突破性创造，这和当时青瓷、白瓷的成熟烧造分不开。造器型中，鸡首壶与盘口壶较多，高足盘、瓶、罐、碗等也多。南方所见的罐比较细长，口直而大，丰肩，足口外撇，常有刻画弦纹，一般有六系、八系，与北朝时期的宽口瓶较为相似。

这一时期主要的茶器发现有：

（1）茶钵、收口茶碗、陶碾、陶磨、陶碓等，出土于河南省安阳市隋代张盛墓，和碾、磨、碓一同出土，基本可以断定是末茶器（见图7）。张盛墓中有较多随葬品，除了茶酒器外，出土的还有白瓷围棋盘、三环足盘以及伎乐佣、武士佣、镇墓兽等，造型丰富，工艺精美，时代特征鲜明，都可以代表隋代青白瓷的顶级成就。有一点要说明一下，其中一些器皿如陶碾、陶磨等，为陶瓷制明器，比及实物小了很多，不可以与实际生活中器具完全等同，

1. 三足带环瓷盘　2. 瓷碗　3. 瓷钵　4. 双耳瓷盂

5. 瓷柱盆　6. 帽状瓷器　7. 瓷水桶　8. 瓷碗

9. 瓷兽座　10. 瓷兽座　11. 陶碓

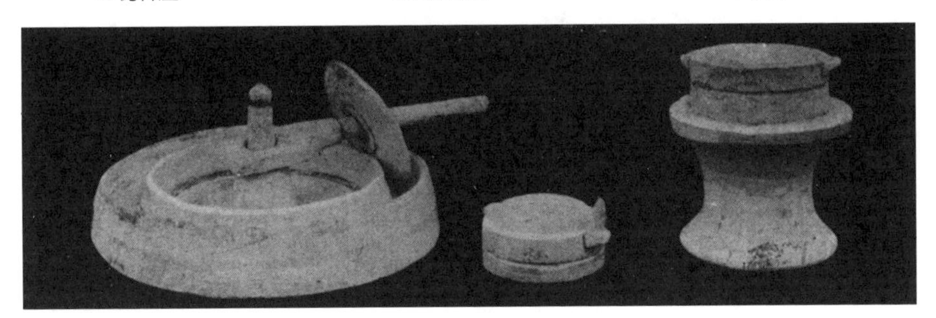

12. 陶碾　13. 陶磨　14. 陶磨

图 7　隋代张盛墓出土茶器一组

（源自：考古研究所安阳发掘队《安阳隋张盛墓发掘记》,《考古》，1959 年第 10 期）

但无论如何，因为是依形烧造，应该和其所反映的实际造型以及样式特征是差不多的。

“张盛墓中出土的部多青瓷器，是很重要的发现。北方早期的青瓷器这样有绝对年代，而且是大批的出现，说明当时相州一带的制瓷工艺已经很发达。最近在磁县贾壁村所发现的隋代青磁窑址，也正说明这一问题。很有可能。张盛墓中的瓷器即是贾壁的作品。”[①]

（2）龙柄鸡首盘口壶、蓝色琉璃茶杯、高足杯、扣金口玉盏等，出土于陕西省西安市西郊隋代李静训墓（见图 8）。墓主李静训身世显赫，随葬级别很高，提及隋代瓷器就不得不说。同时，从出土的波斯金银器皿、玉石项链等还可以说明，当时和西域物资交通交流的通畅。

“瓷器的釉色有青白两种，均有冰裂纹，胎色多为白色或灰白色，底部及附近不施釉。器形有罐、壶、瓶、盒等。大型的瓷罐多为青釉，有八系、六系、四系、三系之分，高度 15~20 厘米。又有青釉盘形口双系壶、小罐、小盒及七联罐。白釉器多精致小巧，有双螭把双身瓶 1 件，18.6 厘米，螭把双系鸡首瓶 1 件，高 26 厘米、小扁瓶 1 件，高 5.8 厘米……玻璃器有瓶 2 件，均绿色，透明……另外有玻璃小杯 2 件，半透明，蓝色，高 2.5 厘米……还有 1 件玉盏，上镶金口，盏白色，玉色泽润，高 4 厘米，口径 5.6 厘来（见图 8 中 12）。”[②]

第二节　大唐帝国的末茶器

到了唐代，“茶器”的概念及标示已经非常明晰，要重视的是茶圣陆羽

① 考古研究所安阳发掘队：《安阳隋张盛墓发掘记》，《考古》，1959 年第 10 期，第 541–545 页，第 591–595 页。

② 唐金裕：《西安西郊隋李静训墓发掘简报》，《考古》，1959 年第 9 期，第 471–472 页，第 506 页。

图 8　隋代李静训墓出土茶器一组

（源自：唐金裕《西安西郊隋李静训墓发掘简报》，《考古》，1959 年第 9 期）

撰写的《茶经》，其中详述了数量多达二十八种的一整套饮茶用具。“茶具（器）”一词在唐诗里也随处可见，诸如唐诗人陆龟蒙《零陵总记》说：“客至不限匝数,竞日执持茶器。”白居易《睡后茶兴忆杨同州诗》:“此处置绳床，傍边洗茶器。”唐代文学家皮日休《褚家林亭》有“萧疏桂影移茶具”之语，可见唐时人们对茶具已经有了较为清晰的认识[①]。关于唐代茶文化以及末茶器的研究也越来越多，得到民俗学、美术史学等各方学者的重视。

一、唐代主要末茶器考古

随着唐代社会生产力的不断提升，最迟到开元时期，饮茶已经成为日常生活的重要部分，茶会、茶宴也开始兴盛。文人之间的饮茶与赋诗同境进行，品茗赋诗成为一种创作形态。唐代瓷器“南青北白”大力发展，产茶之地的窑业生产也随之得到促进。越州、寿州、婺州和邛州等地既盛茶，同时也盛产瓷器[②]。

末茶道，也在唐代形成完整的文化系统，尤其是在皇家、寺庙。茶史专家朱自振认为：“唐代社会中，茶道表现出阶段性、阶层性、地域性，从而成为社会文明的重要组成部分。[③]”在末茶器的使用中，宫廷比较奢华，多用金银、玉石甚至西域传过来的琉璃器；民间则相对自由，注重实用、美观，多用陶瓷器、漆器等。高端末茶器的讲究和气派，可以在法门寺地宫出土的成套金银器茶具中看清楚。末茶器不仅可以代表成熟的末茶文化现象，更是精美艺术的历史见证。

随着禅宗文化的兴起，中国画、茶道、书法、文学都不约而同与之产生关联,那么何为“禅”呢？如何又为“禅画”“禅茶”？比如：王维的《鸟鸣涧》一诗中：“人闲桂花落，夜静春山空。月出惊山鸟，时鸣春涧中。”表达的是内心的清净、静观，月光惊鸟、鸟儿脆鸣，诗画一体，春涧的镜像直冲人

---

① 范盈盈：《从茶诗看唐代茶具文化》，《文学教育》，2019 年第 9 期，第 124–126 页。

② 吴咏梅：《唐人饮茶分析——以望野博物馆藏唐代茶具为例》，《文物天地》，2020 年第 7 期，第 121–126 页。

③ 朱自振：《法门寺唐代茶文化研究综述》，《农业考古》，1999 年第 2 期，第 32 页。

的内心。《金刚经》中有“凡所有相，皆是虚妄”，禅宗认为世间万物合缘而生，一切有形皆变化无常、转瞬即逝，与画、与茶的外在追求相一致。禅宗更讲究“清净自然”，饮茶也正是如此，当人们在参与到饮茶活动中时，参悟、顿悟，逐渐变成一种精神寄托，于是两者便有了紧密的关联。王维的禅诗、禅画之所以在后世备受推崇，是因为一些艺术形式越来越倾向于普罗大众，而不是仅存在于宫廷曲高和寡，更多的人愿意去追求净手焚香、闲适自得的生活。

末茶正可以代表这样一种生活，盛唐时末茶上下风靡，自达官显贵到黎民百姓，无不饮茶。于是，饮茶作为一种生活方式就从技艺层面逐渐升华到了精神需求层面，这也成为“茶道”一词的生成基础。发展到宋代，就变化为大街小巷的斗茶之风了。同时，末茶也东传至日本，并延续至今，成为更加细腻的日本抹茶。

大唐盛世的末茶文化资料中，法门寺地宫考古是最重要的一项，代表的是皇家样式及拜佛茶礼，是迄今为之最完整、最精致的茶器艺术品，但毕竟与平民用器相去甚远，故而单列整理。

关于考古发现或者文博收藏的唐代末茶器，主要有：

（1）唐代青绿釉带流茶臼，口径 14.7 厘米，足径 6.3 厘米，高 5 厘米，制作精美，保存较好，深圳望野博物馆藏品（见图 9）。这一类的茶研，多应用于家庭，与“茶臼”功能相一致，区别在于“臼”需要用瓷槌敲砸完成，而“研”则是用合形的凸碾体研磨而成。

（2）唐代长沙窑有“茶埦”刻字青釉茶碗，口径 14.5 厘米，足径 5 厘米，高 5.1 厘米，中国茶叶博物馆藏品

图 9　唐代青绿釉带流茶臼

（源自：望野博物馆）

图 10　唐代长沙窑有“茶垸”刻字青釉茶碗

（源自：中国茶叶博物馆）

（见图 10）。此件茶碗比普通碗小，釉色莹润、保存完好，应为高级别茶肆所用器皿，铭刻之“茶垸”更是清晰指向其用途为末茶分茶使用，说明唐代茶器一定程度上的繁盛。

（3）唐代白釉绿彩茶碾轮与碾槽，长 10 厘米，宽 3 厘米，高 6.3 厘米，深圳望野博物馆藏品（见图 11）。此件文物就是所谓随葬之用明器，整体制作精美，可以体现当时实际茶碾的样貌，也能说明末茶器皿对于日常生活的重要性。

（4）唐代长沙窑青釉褐彩双系“茶瓶”（及底部拓片），口径 7 厘米，足径 13.8 厘米，高 18.5 厘米，深圳望野博物馆藏品（见图 12）。此件长沙窑青釉

图 11　唐代白釉绿彩茶碾轮与碾槽

（源自：望野博物馆）

图 12　唐代长沙窑青釉褐彩双系“茶瓶”（及底部拓片）

（源自：望野博物馆）

褐彩双系“茶瓶”，底部刻字“茶瓶一口，计钱壹拾伍（押）”，证明此类短口瓶在唐代多作茶瓶使用。西安唐代王明哲墓也曾出土类似茶瓶，其底部有墨书“老寻家茶社瓶，七月一日买。壹”。

（5）唐代绶带纹银碗（见图 13）、四曲双鱼纹海棠花形鎏金银盏托（见图 14）、玉研茶钵（见图 15）、鹤首银支架（见图 16）、提梁银罐及提梁带盖银锅、长柄带盖银铛等，河南省洛阳市伊川县唐齐国太夫人吴氏墓出土。

图 13　唐代绶带纹银碗（口径 13.8 厘米，高 3.5 厘米）

（源自：洛阳博物馆）

在这套茶具中，造型新奇、制作精美，属唐

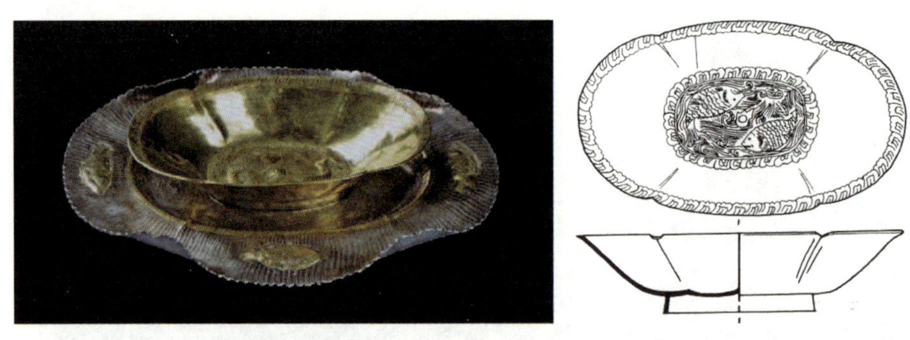

图 14　唐代四曲双鱼纹海棠花形鎏金银盏托（口径 14.6~20.1 厘米）

（源自：洛阳博物馆）

图 15　唐代玉研茶钵（口径 8 厘米）

（源自：严辉、杨海钦《伊川鸦岭唐齐国太夫人墓》,《文物》，1995 第 11 期）

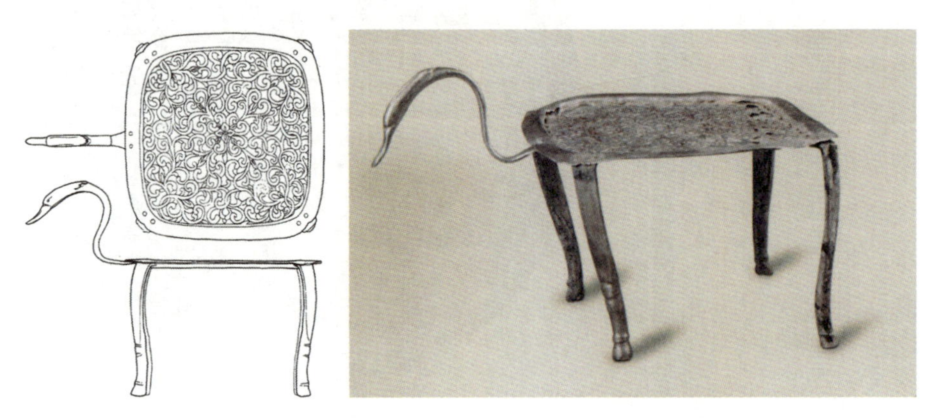

图 16　唐代鹤首银支架（长 14.3 厘米，通高 14.6 厘米）

（源自：洛阳博物馆）

代早期末茶器。金盏和银托，合体紧密，錾刻、捶揲、鎏金工艺极尽精微，纹饰图案多与茶饮有关；绶带纹银碗，壁厚，重达 343 克，碗内满布方格，以便研茶，底部装饰绶带纹也是绝无仅有；玉研茶钵，玉色偏白、莹润，口径有 8.3 厘米之宽，其内部刻划纵横交错的网格纹及弦纹，亦为研茶之用；鹤首银支架，应为炙烤茶饼之用。其他器皿也都是常用末茶器。

洛阳这一套精美末茶器的出土，比法门寺早了近 50 年，一方面能看到当时东都洛阳末茶器用组合的精湛和讲究，一方面还可以真切感受大唐盛世饮茶爱茶的社会风尚。

（6）唐代滑石造末茶器一组，共 12 件，由茶碗、汤瓶、风炉、茶碾等组成，台湾自然科学博物馆藏品（见图 17）。这样的茶器，与河南省巩义市唐代墓葬 (M234) 出土的三彩茶器近似，均为明器。[①]

图 17　唐代滑石造末茶器一组

（源自：邢建洛《洛阳唐代墓葬出土的茶具综论》，《洛阳考古》，2016 年第 4 期）

（7）唐代三彩茶盘明器一组，由茶碾、茶盏、汤瓶、风炉等组成，出土自河南省巩义市东区天玺尚城唐墓（M234）（见图 18）。“该墓出土的三彩

① 邢建洛：《洛阳唐代墓葬出土的茶具综论》，《洛阳考古》，2016 年第 4 期，第 70–77 页。

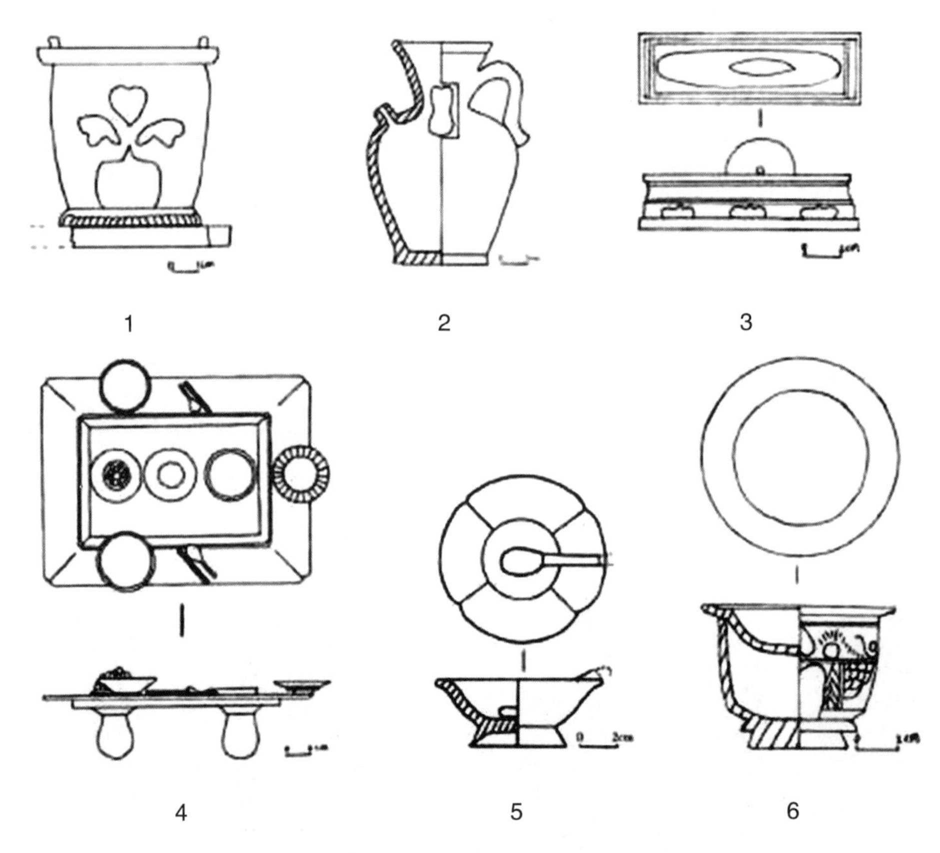

图 18　唐代三彩茶盘明器一组

（源自：刘富良、张鹏辉、赵红党、魏智睿、王贵岩、郜涛、张福龙、刘欢、张小菲：《巩义市东区天玺尚城唐墓 M234 发掘简报》，《中原文物》，2016 年第 2 期，第 12 页。）

或单彩茶明器，大部分都能在唐代陆羽所著《茶经》中找到原型。生动形象地为我们展示了唐代茶事中炙茶、碾茶、煮茶、分茶、饮茶等一系列过程中的各种茶具，为研究唐代茶文化提供了极为珍贵的资料。”[①]

（8）唐代白瓷子母盘茶器一组，共 9 件，由侈口罐、分茶杯、盖罐、小长颈瓶组成，出自洛阳市关林（M1305）盛唐早期墓葬（见图 19）。“唐代墓葬中最为常见的茶具就是子母盘，质地多为三彩，也有部分为瓷器。子

① 刘富良、张鹏辉、赵红党、魏智睿、王贵岩、郜涛、张福龙、刘欢、张小菲：《巩义市东区天玺尚城唐墓 M234 发掘简报》，《中原文物》，2016 年第 2 期，第 9–14 页。

图 19　唐代白瓷子母盘茶器一组

（源自：邢建洛《洛阳唐代墓葬出土的茶具综论》,《洛阳考古》，2016 年第 4 期）

母盘中放置有小碗（或称为盏、杯）、罐、瓶等,数量为4、6、7、8、9不等。”①

（9）唐代护耳提梁银锅（见图20）、银鎏金熏炉（见图 21）、鎏金莲瓣形银茶盒（见图 22）、银汤瓶（见图 23）、银茶勺（见图 24）、酒令筹、银火箸、荷叶形银盐台盖等，江苏省丹徒丁卯桥唐代银器窖藏出土②。因为是窖藏，所以并不成组，如此数量巨大的窖藏应该与生产运输相关。“贮之玉合才半饼，寄与阿连题数行。”其中“玉合”就是装茶饼或茶粉的茶盒。

图 20　唐代护耳提梁银锅（高 10 厘米，口径 25.6 厘米，沿外刻有“力士”二字）

（源自：刘建国、刘兴《江苏丹徒丁卯桥出土唐代银器窖藏》,《文物》，1982 第 11 期）

① 邢建洛：《洛阳唐代墓葬出土的茶具综论》，《洛阳考古》，2016 年第 4 期，第 70–77 页。

② 刘建国、刘兴：《江苏丹徒丁卯桥出土唐代银器窖藏》，《文物》，1982 年第 11 期，第 15–27 页。

图 21　唐代银鎏金熏炉
（用以茶室熏香，圈足口径 15.5 厘米，底径 22.5 厘米，高 23.6 厘米，
圈足内刻 “力士” 二字）
（源自：刘建国、刘兴《江苏丹徒丁卯桥出土唐代银器窖藏》,《文物》, 1982 年第 11 期）

图 22　唐代鎏金莲瓣形银茶盒（ 高 7.5 厘米，腹径 9.5 厘米，盖饰鹦鹉卷草纹 ）
（源自：刘丽文《奢华的大唐风韵：镇江丁卯桥出土的唐代银器窖藏》,《收藏》, 2013 年第 3 期）

图 23　唐代银汤瓶（通高 25.4 厘米，口径 6.6 厘米，底部刻“力士”二字）

（源自：刘丽文《奢华的大唐风韵：镇江丁卯桥出土的唐代银器窖藏》,《收藏》,2013 年第 3 期）

图 24　唐代银茶勺

（长扁柄，柄背刻“力士”二字，长 26 厘米）

（源自：刘丽文《奢华的大唐风韵：镇江丁卯桥出土的唐代银器窖藏》,《收藏》,2013 年第 3 期）

二、关于法门寺地宫考古

法门寺地宫出土文物可谓惊世骇俗，其中那一套金银末茶器，是以唐僖宗的小名“五哥”作为标识的皇家定制茶器，奢华而成熟，可以代表唐代宫廷饮茶、制器的风尚，其所呈现的盛唐靡靡茶风以及禅茶合宜让人赞叹。从材料中不难发现，唐代自上而下的末茶文化已经朝着更高、更深的层级发展了。

为什么会在法门寺地宫出土如此多的精美茶器呢？在《应从重真寺随真身供养道具及恩赐金银器物宝函等并新恩赐到金银宝器衣物帐》碑文的记录中可以发现，地宫中的数千件物品大致可以分为三类，一类是专门为佛家供养而定制的；一类属于皇家恩赐；还有一类就是大臣、民间的布施。说到这里，不得不提及唐代皇家和佛教之间的关系。自唐中期大兴佛教后，各地寺庙众多，法门寺作为皇家寺院，供奉有佛指骨舍利，有着举足轻重的地位，历代皇帝每隔三十年开启一次法门寺地宫，迎奉至皇宫隆重祭祀，直至唐武宗。会昌五年（845 年），唐武宗以寺院僧侣的势力严重膨胀、“使吾民穷困的是佛”为由，下诏“废浮屠法”，先后拆毁寺院四万余座，使僧尼还俗、奴婢归田。在皇帝要将法门寺指骨舍利当众销毁时，和尚冒死以“影骨”骗过皇帝，才使得佛宝舍利能保存至今，这也是为什么地宫里会有一骨三玉四枚“影骨”舍利的原因。咸通十五年（874 年），内忧外患之下，唐懿宗又一次开启地宫迎奉佛骨，但仪式还没有结束，皇帝就驾崩了。新即位的唐僖宗，就是“五哥”，完成了仪式，并以无数奇珍异宝归安佛骨至地宫，但唐代国势已经急速下滑，无力回天了。

所以，从地宫出土末茶器实物着手，在考古实证及名物审美的双重视野下，结合中晚唐时代的饮茶方式，探求末茶文化的发展属性。关于法门寺地宫出土诸多皇家茶器，主要有：

唐代鎏金鸿雁纹银茶碾子（见图 25）、金银丝结条笼子（见图 26）、鎏金飞天仙鹤纹银茶罗子（见图 27）、鎏金摩羯鱼三足架银盐台（见图 28）、

图 25　唐代鎏金鸿雁纹银茶碾子（通高 13.6 厘米，横长 27.4 厘米，重 1168 克）

（源自：法门寺博物馆）

图 26　唐代金银丝结条笼子（通高 15 厘米，长 14.5 厘米，宽 10.5 厘米，重 355 克）

（源自：法门寺博物馆）

图 27　唐代鎏金飞天仙鹤纹银茶罗子（由盖、套框、筛罗以及器座等组成，盖顶錾刻飞天翔游于流云间，罗套框架两侧为仙人乘鹤流云纹。长 13.45 厘米，高 9.8 厘米）

（源自：法门寺博物馆）

图 28　唐代鎏金摩羯鱼三足架银盐台（通高 27.9 厘米，重 564 克是茶具中的贮盐器，支架有錾文："咸通九年文思院造银金涂盐台一只，并盖重一十二两四钱，判官臣吴弘慤，使臣能顺"，另有"四字号""小药焊"等字样）

（源自：法门寺博物馆）

图 29　唐代鎏金伎乐纹银调达子（腹壁分别錾仙人对弈、伯牙捧琴、箫史吹箫、金蛇吐珠等画面。高 11.7 厘米，盖口径 5.6 厘米，圈足径 6.3 厘米，总重 883.5 克）

（源自：法门寺博物馆）

图 30　唐代五瓣葵口圈足青釉秘色瓷碗（通高 9.4 厘米，口径 21.4 厘米）

（源自：法门寺博物馆）

鎏金伎乐纹银调达子（见图 29）、五瓣葵口圈足青釉秘色瓷碗（见图 30）、素面淡黄色琉璃茶盏和茶托（见图 31）、素面直筒琉璃杯（见图 32）、鎏金折枝团花纹银碟（见图 33）、五瓣葵口高圈足秘色瓷碗（见图 34）等，法门寺地宫出土[①]，包括烘焙、

① 韩伟、王占奎、金宪镛、曹玮、任周芳、淮建邦、傅升岐：《扶风法门寺塔唐代地宫发掘简报》，《文物》，1988 第 10 期，第 1–28 页。

图31　唐代素面淡黄色琉璃茶盏和茶托(通高 4.5~5.2 厘米，口径 12.6 厘米)
（源自：法门寺博物馆）

图 32　唐代素面直筒琉璃杯(通高 5.3 厘米，口径 8.2 厘米)
（源自：法门寺博物馆）

图 33　唐代鎏金折枝团花纹银碟(口径 11.3 厘米，共 20 件)
（源自：法门寺博物馆）

图 34　唐代五瓣葵口高圈足秘色瓷碗(青绿釉，通高 6.8 厘米，口径 24.5 厘米)
（源自：法门寺博物馆）

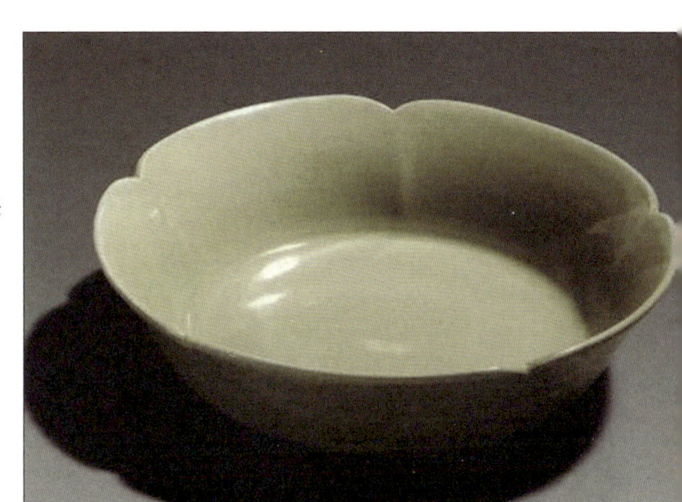

碾罗、烹煮、饮茶、贮藏等用具，可谓是品种完备、巧夺天工，可以体现中国古代匠师的超凡工艺，有着极高的文化价值和艺术价值。同时，其中发现的20余件来自东罗马或伊斯兰的琉璃茶器，反映出丝绸之路的贸易繁荣，是唐代中西文化交流的见证。2020年6月，“唐天子的茶——陕西国宝系列特展之法门寺出土皇家茶具”在陕西历史博物馆展出。

“唐代茶器具的研究因法门寺地宫的重新开启而迈上新的台阶，唐僖宗用以供奉佛指骨舍利的一套御用金银玻璃茶器基本反映了唐代宫廷茶道程序，学者们依此套文物为考古参照，对唐代茶具、茶道进行了卓有成效的研究，其有益的成果不仅活跃了学术研究，更为从二十世纪八十年代逐渐兴起的大陆茶文化增加了浓重的科学和历史底蕴……茶器具研究是茶文化研究的基础，为茶道文化研究创造‘硬件’条件。从我们已知的茶具看，大家比较一致的看法是，法门寺文物所反映的茶道模式应该是陆羽《茶经》的‘烹茶’和晚唐代民间社会已流行的‘点茶’的同时并存。毫无疑问，将物账碑中的一套金银茶具的器型和大小规格与《茶经》对照看完全一致，从研究角度讲，将其视为《茶经》式的烹茶道器具在学术上看起来比较可靠。”梁子、谢莉在《唐代金银茶器辨析》一文中还将近现代考古发掘的唐代金银器做了一个表格梳理，这是很必要的，如果能将图片添加进去，并按照以墓葬为单位、将茶器进行成组的归类和比较，对分析唐代宫廷及民间点茶的状态特征，会更加科学。

唐代金银茶器一览表

茶器类型	各类茶器名录	器高/厘米	器宽/厘米	来源
鍑、铛、锅、炉类	何家村双狮纹短柄三足金铛	3.4	9.5	陕西历史博物馆
	何家村素面短柄三足银铛	4	10.5	同上
	“李景由”短柄底银铛	4.1	10.5	社科院考古所
	芝加哥短柄圈足银铛	3.2	19	芝加哥美术学院
	何家村折柄服银铛	7.6	10.7	陕西历史博物馆
	何家村素面长柄三足银铛	7.6	10.2	陕西历史博物馆
	“齐国太夫人”长柄底铛	6.4	9.7	洛阳第二文物工作队
	何家村提梁银锅（2件）	17.1	19	陕西历史博物馆
	何家村双耳银锅	13	28.2	同上
	何家村提梁银锅	22.6	25	同上

续表

茶器类型	各类茶器名录	器高 / 厘米	器宽 / 厘米	来源
鍑、铛、锅、炉类	"齐国太夫人"提梁银锅	14	21.5	洛阳第二文物工作队
	丁卯桥宽沿银锅	10	27	镇江博物馆
	丁卯桥提梁银锅		25.6	同上
笼子、火箸、烤炙器类	鎏金飞鸿银笼子	17.8		法门寺博物馆
	金银丝结条笼子	15	14.5	同上
	鎏金系链银食箸			同上
	素面银火箸			同上
	伊川银支架			洛阳第二文物考古队
茶罗、茶碾类	鎏金鸿雁流云纹银茶碾	7.1	长 27.4	法门寺博物馆
	鎏金仙人架鹤纹壶门座银茶罗	9.5	长 13.4	同上
	鎏金团花银锅轴	饼径 9	执手长 22	同上
茶托、茶盏、茶碗类	和平门双层莲瓣银茶托（7 件）	4.5	18.3	中国国家博物馆
	和平门单层莲瓣银茶托	4	17	同上
	丁卯桥双瓣葵花形银茶托	8.5	18	镇江博物馆
	丁卯桥葵花形银茶托	7	17.3	同上
	丁卯桥五瓣葵口圈足银碗	9.5	15.2	同上
	丁卯桥凸棱圈足银杯（盏）	14.8	14.5	同上
	繁峙银茶托	4.3	16.8	
	背阴村莲瓣形银茶托	2.5	16.5	陕西历史博物馆
	背阴村五曲高足银盏		9.5	同上
	背阴村双鱼纹银长杯			同上
	双鱼纹荷叶形银杯（茶盏）	3.2	长径 13.6	同上
	西安太乙路摩羯纹金茶盏	3.5	长径 13.1	同上
	偃师五曲葵口圈足银杯	4.2	14.6	现藏社科院河南考古二队
	白鹤飞禽纹银长杯		15.3	白鹤美术馆
	西安鸿雁纹银长杯	3	13	西安文管会
	弗利尔高足烟长杯	6.9	11.9	弗利尔美术馆
	大都会高足银长杯	7.4	13.2	大都会博物馆
	芝加哥带足银长杯	6.2	13.2	芝加哥美术学院
	凯波高足银长杯	5.5	14.5	瑞典卡尔・凯波
	芝加哥带托银长杯	6.2	12.8	芝加哥美术学院
	不列颠高足银长杯	3.65	11.9	不列颠
	淳安互面银高足杯	8	10	浙江博物馆

续表

茶器类型	各类茶器名录	器高 / 厘米	器宽 / 厘米	来源
执壶	丁卯桥银执壶	22	8.4	镇江博物馆
	丁卯桥长流执壶	19	6.6	同上
	不列颠银执壶			
	水邱氏墓素面银执壶	16.2	4.9	临安县文管会
	咸阳缠枝纹金注壶	21.3	6.6	咸阳市博物馆
则、策类	鎏金飞鸿纹银则	长 19.21	2.6	法门寺博物馆
	鎏金流云纹长柄银则	32.9	2.9	同上
	摩羯纹银则	30.2		浙江博物馆
	素面银则（10 件）	31.2		浙江博物馆
	素面银勺	31		同上
	鸿雁形长柄蔓纹银匙	24.4		社科院河南考古二队
	素面银则	27.6	匙径 4.3	同上
贮茶器	鎏金双狮纹菱弧形银盒			法门寺博物馆
	素面圈足银盒			同上
	鹦鹉纹菱弧形盒	7.5	径 9.5	藏镇江博物馆
	鹦鹉纹银盒	8.5		同上
	素面圈足银圈盒（15）件	8.3		同上
贮盐器	鎏金摩羯纹三架银盐台	25		藏法门寺博物馆
	素面盘圆座银盐台	5.8	口径 8.7	同上
	何家村素面罐形银壶	3.5	2.7	陕西历史博物馆
	何家村素面罐形银壶	4.4	2.7	陕西历史博物馆
	背阴村人物纹三足银壶	5.8	口径 3.2	陕西历史博物馆
	丁卯桥童子纹三足银壶	7	3.8	镇江博物馆
	凯波莲花纹罐形银壶	6.5		瑞典卡尔・凯波
	东大寺狩猎罐形银壶	4.2	口径 4.6	日本东大寺
银渣斗	水邱氏墓素面银渣斗	9.8	口径 11.5	临安县文管会
	西安枣园并蒂团花纹渣斗	9.8 ·	14.6	西安市文管会
	普赖斯折枝纹银渣斗	12	15.3	赖斯・扬家庭博物馆

（表格转引自：梁子、谢莉《唐代金银茶器辨析》，《农业考古》，2005 年第 4 期）

三、五代主要末茶器考古

五代时期的经济虽然大幅度减退，但茶事反而有超越性发展。这是因为又一次的割据和分裂，五代王朝更多继承的是唐王朝规制，喝茶已经深入到上层社会的日常生活，不像属于北方民族统治的魏晋时期那样，习惯于喝奶。而各产茶区依然保持了贡茶体系，各制瓷窑口也没有停止生产，只是分属于不同的小国统治罢了。

大致在南唐时期，闽浙一带已经成为重要的产茶区，以建州“建茶”最为著名。建州佛寺众多，禅宗也最为兴盛，“禅茶一体”的发展，为宋代民间茶文化的普及形成诸多影响。熊蕃在《宣和北苑贡茶录》中写道：“五代之季，建属南唐，岁率诸县民采茶……采茶初制研膏继造蜡面。”是时，建州“北苑”贡茶称为“北苑龙焙”，早期的具体做法是将青鲜茶芽过蒸、晾晒，再装成饼块，中间留孔，焙干，十余饼穿成一串，用时再烘焙、研膏。后来，由于研膏味太过于涩苦，于是开始改变做法，在碾膏之时反复挤压，去除部分茶内汁，并在其中加入龙脑等香料，成饼之后更加细腻，这种表面光滑的新茶饼被称之为“蜡面”。

关于瓷器，五代时最主要的是越窑、定窑以及耀州窑，当然，还有后周时期创烧的柴窑，主要种类是青瓷。五代青瓷地细腻、器型规整，轻薄而光润。在吴越国一些主要墓葬中，都出土有较多秘色瓷，多装饰蟠龙、飞鹤、鹦鹉以及钱塘江潮水等题材，造型典雅、温润如玉，表现出这一时期匠师们的潜心创造。

这一时期主要的考古资料有：

（1）五代白釉带托花口点茶盏，通高 6 厘米，口径 11.5 厘米，釉色莹润，保存完好。盏口呈五瓣花形，托呈卷荷形，整体犹如一朵盛开的莲花，收藏于中国茶叶博物馆（见图 35）。

（2）五代越窑青釉葫芦形壶，高 18 厘米，口径 6 厘米，整体呈葫芦形，有瓜蒂形盖，一侧有长流，另一侧有扁条状柄把。这一时期，水壶的短流

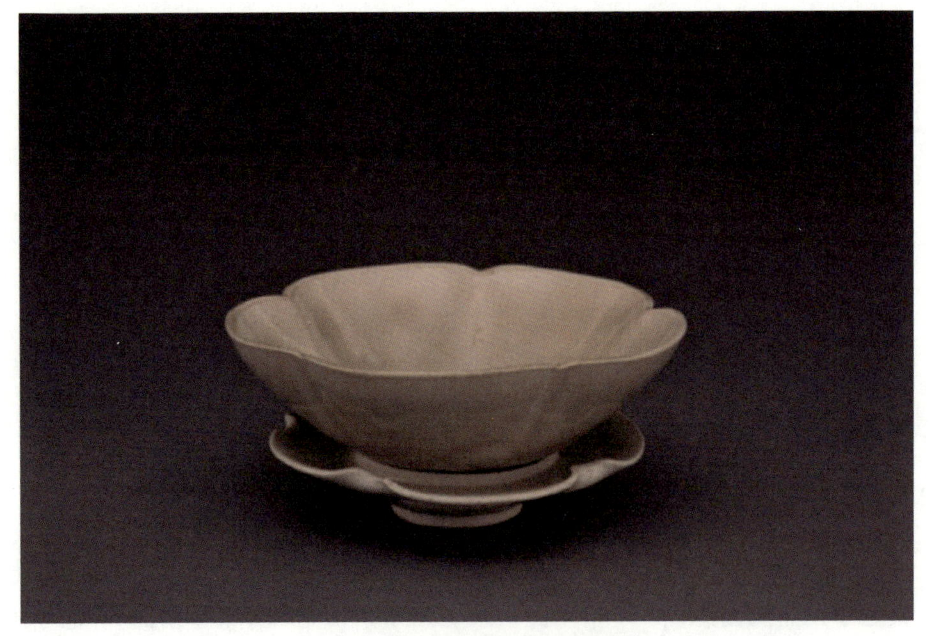

图 35　五代白釉带托花口点茶盏

（源自：中国茶叶博物馆）

逐渐变长，是为后期“汤提点”茶会应用的基础。收藏于中国茶叶博物馆（见图 36）。

（3）五代越窑青瓷茶罐，高 8.5 厘米，口径 3.8 厘米，底径 5.6 厘米，通体施釉，盖面有弦纹，顶置钮，罐身作敛口，鼓腹、圈足，为五代吴越国时期精品，收藏于中国茶叶博物馆（见图 37）。

（4）五代青瓷茶盒、瓜棱茶罐、执壶、水盂、茶盏、葵口杯等，吴越国康陵出土（见图 38）。浙江省临安区五代吴越国康陵遗址，是吴越国二世王钱元瓘妃马氏墓，出土了较多的精美青瓷及玉器，能够反映出唐代茶文化在吴越国的持续发展。“墓内出土 40 余件秘色青瓷器，无论从器物种类、还是从数量看，都是秘色青瓷一次空前的重要发现，其在浙江青瓷研究史乃至中国陶瓷发展史上无疑具有十分重要的意义。”[①]

① 张玉兰：《浙江临安五代吴越国康陵发掘简报》，《文物》，2000 年第 2 期，第 4–33 页。

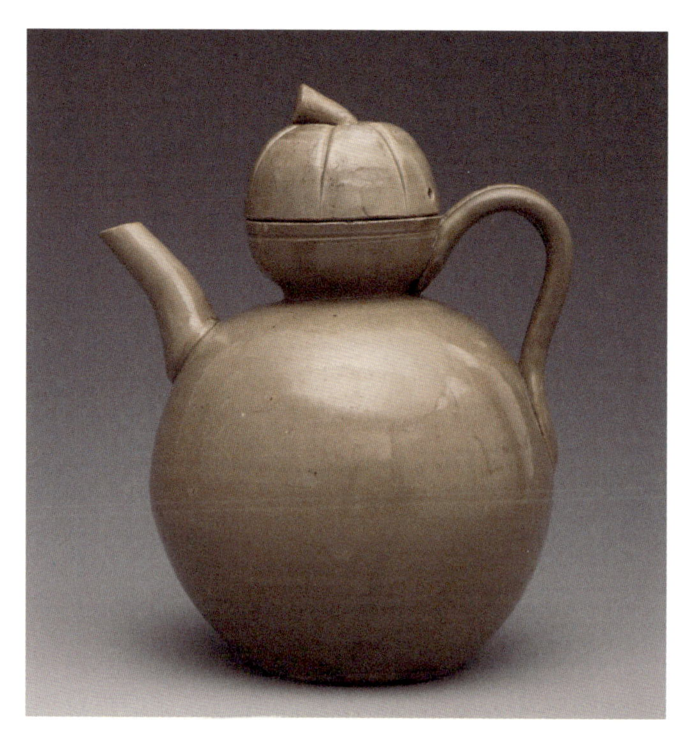

图 36　五代越窑青釉葫芦形壶
（源自：中国茶叶博物馆）

图 37　五代越窑青瓷茶罐
（源自：上林湖越窑遗址博物馆）

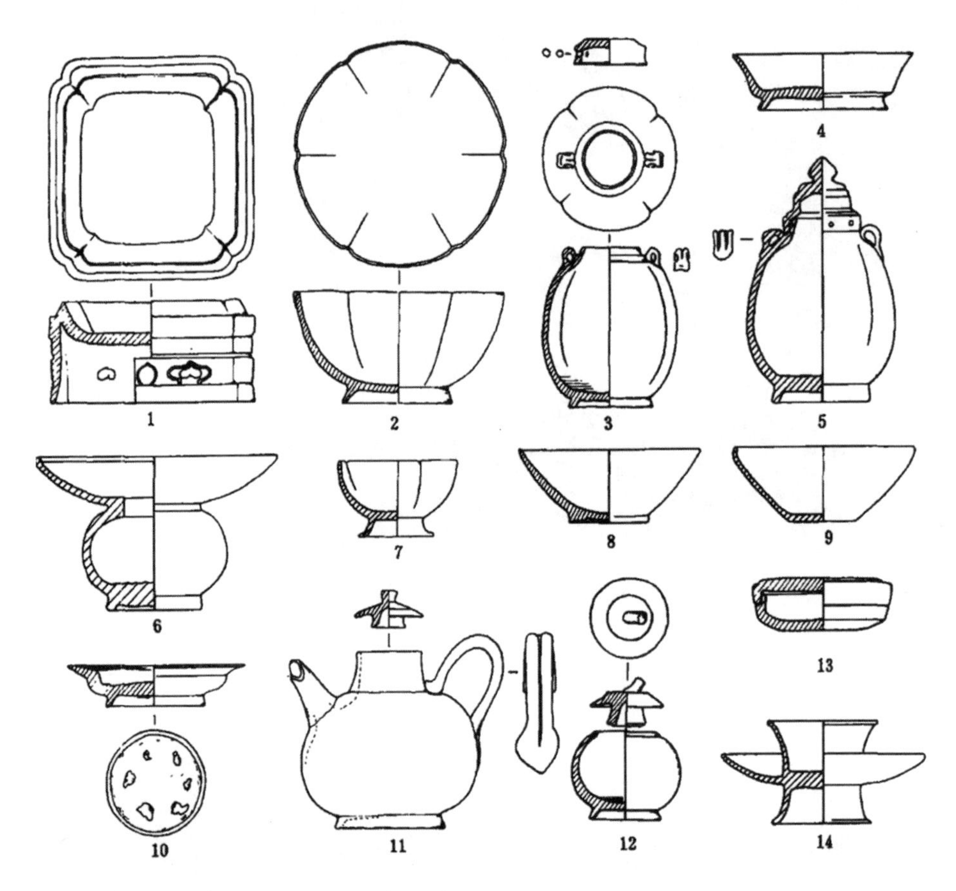

1. 方盒（采：6） 2. 葵口碗（采：18） 3. 瓜棱盖罐（采：8） 4. 圈足盘（采：22） 5. 瓜棱盖罐（采：76） 6. 唾盂（采：72） 7. 葵口杯（采：87） 8. 侈口碗（采：15） 9. 敛口碗（采：85） 10. 托盘（采：16） 11. 执壶（采：14、M25:122） 12. 水盂（采：27） 13. 粉盒（采：13） 14. 盏托（采：82）（均为 1/3）

图 38　五代吴越国康陵出土青瓷茶器

（源自：张玉兰《浙江临安五代吴越国康陵发掘简报》，《文物》，2000 年第 2 期）

第三章

末茶器的巅峰时期

两宋时期被认为是茶文化最普及的时候，从帝王公卿到士农工商无不饮茶，在城市里，街头巷尾的茶肆作为休闲消费场所日益增多，同时也有挑着担的卖茶者走街串巷，王安石《议茶法》中有："夫茶之为民用，等于米盐，不可一日以无。"点茶法的饮用方式更像是在喝一种饮料，随着这种习惯的不断流行和沉淀，也产生了许多与茶相关的礼仪和风俗，逐渐演化为中华民族优秀传统文化系统中不可或缺的重要部分。

在蔡襄撰写出《茶录》之后，宋代多元化的饮茶方式有所改变，点茶法成为主流，这是因为《茶录》中较为详细地推介了点茶的方法、茶具的安排等，引起民间的积极效仿。北苑贡茶体系也将"北苑龙焙"上升到了较高的位置，继而又出现了"龙团""凤团"等较为稀缺名贵的品牌，朝堂上谁获得了皇帝的"赐茶"会被视为一种荣誉。挂画、焚香、插花、点茶，成为宋时文人的生活方式，"建茶""建盏"不仅享誉全国，还在日本、朝鲜以及东南亚等地被视为珍宝。

第一节　大宋盛世的末茶器

徽宗皇帝对各种艺术形式都贡献卓著，他的《大观茶论》中更是将末茶点茶方法归纳为"七汤点茶法"，对饮茶过程的创设、品鉴，以及茶器的品类、使用等都要求到极其细致，得到了文人雅士一致的认同和实践，成为雅集、聚会中必要的程序。不仅仅是在雅集、聚会中，当这种时尚穿越、落地在民间时，就促成了街头巷尾"斗茶"的风俗。

斗茶源起于南方产茶区，开始的时候或仅仅是茶农、茶商之间的日常品鉴，是生产、销售之所需，后来快速流行到北方，就变成了一种有趣的饮茶方式，甚至有了“茶百戏”“行茶令”等。在北方的斗茶，观茶之色泽、鉴器之优劣、闻茶之芬芳、品茶之甘苦，再加之文人的渲染、僧侣的演绎，使得人们对点茶的各个步骤都要求严格，变成一门学问。

斗茶，讲究茶色、茶香、茶味、炙茶、碾茶、点茶等，在蔡襄《茶录》里都有一定的解释，比如：关于茶色“茶色贵白，而饼茶多以珍膏油其面，故有青、黄、紫、黑之异。善别茶者，正如相工之瞟人气色也，隐然察之于内，以肉理润者为上，既已末之。黄白者受水昏重，青白者受水鲜明，故建安人斗试，以青白胜黄白”；关于茶香“茶有真香。而入贡者微以龙脑和膏，欲助其香。建安民间试茶皆不入香，恐夺其真。若烹点之际，又杂珍果香草，其夺益甚。正当不用”；关于茶味“茶味主于甘滑。惟北苑凤凰山连属诸焙所产者味佳。隔溪诸山，虽及时加意制作，色味皆重，莫能及也。又有水泉不甘能损茶味。前世之论水品者以此”；关于炙茶“茶或经年，则香、色、味皆陈。于净器中以沸汤渍之，刮去膏油一两重乃止，以钤箝之，微火炙干，然后碎碾。若当年新茶，则不用此说”；关于碾茶“先以净纸密裹捶碎，然后熟碾。其大要，旋碾则色白，或经宿则色已昏矣”，这儿应说明一点，宋代末茶颜色偏于灰白，不同于现在日本抹茶的绿色；关于点法“茶少汤多，则云脚散；汤少茶多，则粥面聚。钞茶一钱七，先注汤调令极匀，又添注入环回击拂。汤上盏可四分则止，视其面色鲜白，著盏无水痕为绝佳。建安斗试，以水痕先者为负，耐久者为胜，故较胜负之说，曰相去一水两水”。

对于茶器的讲究，更是无以复加。唐时陆羽“越州瓷、岳瓷皆青，青则益茶。茶作白红之色。邢州瓷白，茶色红；寿州瓷黄，茶色紫；洪州瓷褐，茶色黑，悉不宜茶”的观点似乎已经不适合于宋代，这是因为煎茶与点茶不同，所处地域、环境亦不同。宋徽宗《大观茶论》中这样界定茶器品质：“盏色贵青黑，玉毫条达者为上，取其焕发茶采色也。底必差深而微宽。底深则茶宜立，易以取乳；宽则运筅旋彻，不碍击拂。然须度茶之多少，用盏之大小。盏高茶少，则掩蔽茶色；茶多盏小，则受汤不尽。盏惟热，则茶发立耐久。”蔡襄《茶录》中也这样写道：“茶色白，宜黑盏，建安所造者绀黑，纹如兔毫，其坯微厚，熁之久热难冷，最为要用。出他处者，或薄或色紫，皆不及也。其青白盏，斗试家自不用。”祝穆《方舆胜览》卷十一中也有："兔毫盏出瓯宁之水吉，黄鲁直诗曰'建安瓷碗鸪斑'，又蔡君谟《茶录》建安所造黑盏纹如兔毫，然毫色异者，土人谓之毫变盏，其价甚高，且艰得之。"建盏，即福建省南平市武夷山产茶区附近的建阳窑所生产的茶盏，突破了单一的黑色釉，出现了曜变、兔毫、油滴（或：鹧鸪斑）、结晶冰花纹、芝麻花等品种，属于结晶釉的创烧，釉面光洁度高、手感较重。茶书中将点茶推荐建窑兔毫盏的原因说得很清楚，主要是因为颜色相得益彰以及"兔毫"的自然天成、美妙变化，是以逐渐天价，销售到海外亦比比皆是。如：在日本《君台观左右帐记》中记载："曜变，是建盏之最，世上罕见之物，值万匹绢。油滴是仅次于曜变的第二重宝，值五千匹绢。兔毫盏，值三千匹绢。"

一、北宋的末茶器考古

（1）北宋莲花纹银茶碗，高 3.7 厘米，口径 9.6 厘米，浙江省博物馆藏品（见图 39）。此件银茶碗用银厚重、锤揲成型、做工精细，碗心如莲蕊般向上凸起，壁上作连弧形莲瓣，口沿呈弧形曲线，圈足外撇，极为美观。宋代茶器中多用瓷器，金银器较少，基本形制应该都传承自唐朝，此件银器

图 39　北宋莲花纹银茶碗

（源自：浙江省博物馆）

图 40 北宋吉州窑玳瑁纹茶盏
（源自：浙江省博物馆）

图 41 北宋龙泉窑青瓷划花碗
（源自：浙江省博物馆）

亦多唐代审美。

（2）北宋吉州窑玳瑁纹茶盏，高 5 厘米，口径 15 厘米，浙江省博物馆藏品（见图 40）。此件茶盏敞口、坦弧腹，直口圈足，内外施黑釉，釉面有窑变黄色玳瑁纹，口唇薄釉处呈铁锈色，外釉不及底，胎呈灰黄色，内底有削刀痕，釉色光润，为吉州窑精品。

（3）北宋龙泉窑青瓷划花碗，高 6.6 厘米，口径 14.7 厘米，浙江省博物馆藏品（见图 41）。口沿外侈，稍有弧腹，圈足较高，内壁刻划花卉纹，外壁刻划直线装饰，青釉泛黄有开片，胎体厚重，底足无釉，为当时民间常用器。

（4）北宋龙泉窑青釉刻花执壶，高 24.3 厘米，口径 12 厘米，中国茶叶博物馆藏品（见图 42）。壶

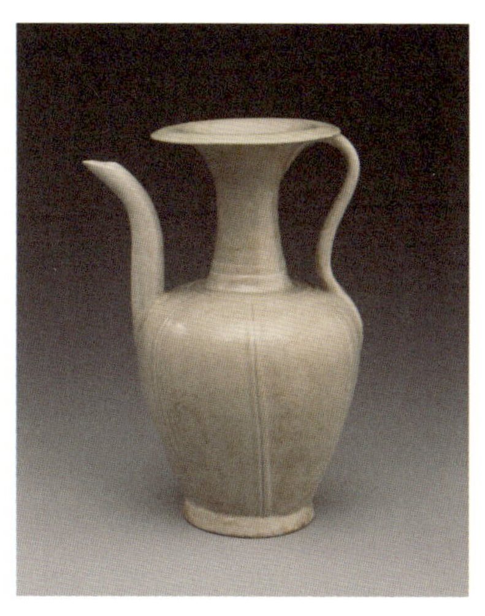

图 42　北宋龙泉窑青釉刻花执壶
（源自：中国茶叶博物馆）

图 43　北宋龙泉窑青釉瓜形壶
（源自：中国茶叶博物馆）

口外侈，细长颈、美人肩，矮圈足，壶身有筋线分区装饰，并暗刻云气纹。宋代的执壶常称之为汤瓶，可以直接上火烧水。罗大经《鹤林玉露》中说："近世瀹茶，鲜以鼎鍑，用瓶煮水。"宋代执壶与唐代大有不同，尤其是在壶流的造型上。

（5）北宋龙泉窑青釉瓜形壶，高 8 厘米，底径 6 厘米，中国茶叶博物馆藏品（见图 43）。壶如瓜形，小短流，环把，灰白胎，釉色肥腴丰润。这样的青瓜造型非常可爱，也非常实用，可见宋代执壶造型的丰富性。

（6）北宋青白釉狮钮瓜棱壶，高 32.2 厘米，口径 2.1 厘米，中国茶叶博物馆藏品（见图 44）。小口，直颈，瓜棱腹，矮圈足。

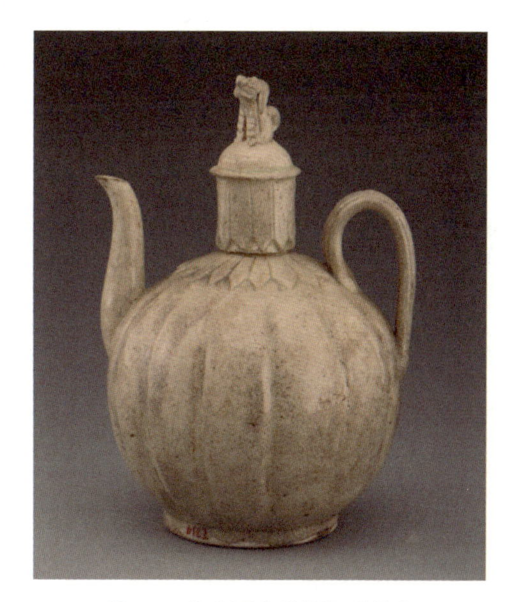

图 44　北宋青白釉狮钮瓜棱壶
（源自：中国茶叶博物馆）

图 45 北宋青白釉刻花带托盏

（源自：中国茶叶博物馆）

扁条状柄及长弯流。肩部贴塑变形莲瓣作为装饰。盖钮装饰小蹲狮一只，憨态可掬，盖沿下贴饰莲瓣，与肩部莲瓣呼应。器身施青白釉。釉色有些磨损，并出现细微的开片。

（7）北宋青白釉刻花带托盏，高 10.7 厘米，直径 13.5 厘米，中国茶叶博物馆藏品（见图 45）。白胎，盏及托均施青白釉，釉色透明。直口盏，深腹，外撇足。五瓣花口托，平折沿，喇叭形圈足，中间起一圆形凸圈以承盏。

（8）北宋七里窑酱釉柳斗罐，高 8.8 厘米，口径 8.7 厘米，中国茶叶博物馆藏品（见图 46）。唇口、束颈，颈部以乳钉作为装饰，罐内施满酱釉，外部施釉未满，罐腹部以篦划柳斗纹作为装饰，故称柳斗罐。这种罐在日本、韩国等有较多发现，被认为是装末茶粉用以销售的商品型茶罐，颈部乳钉处用以包装系绳。七里窑位于江西省赣州市东郊七里镇，因此又称为赣州窑。

（9）北宋白釉红绿彩分茶杯，高 10 厘米，口径 11.5 厘米，河南省博物院藏品（见图 47）。敛口圆杯，圈足较小，外施白釉不及底，绘红绿彩花鸟纹。

图 46 北宋七里窑酱釉柳斗罐

（源自：中国茶叶博物馆）

图 47 北宋白釉红绿彩分茶杯

（源自：河南省博物院）

图 48　北宋汝窑天青釉盏托

（源自：河南省博物院）

（10）北宋汝窑天青釉盏托，高 4.8 厘米，盘口径 17.8 厘米，1987 年河南省宝丰县清凉寺汝窑遗址出土，河南省博物院藏品（见图 48）。北宋汝瓷茶器可以说在色彩、造型上都登峰造极，以雅致、温润、内敛的审美迎合了宋人“清、雅、苦、和”的饮茶哲学。

（11）北宋青黄釉带把瓷茶杯，高 3.2 厘米，口径 7.5 厘米，底径 5.3 厘米，南京博物院藏品（见图 49）。此件茶杯造型新颖，杯把较小，上有叶片状装饰，杯口较大，青黄釉肥厚，是非常具有美感的、有一定西方审美的分茶杯。

图 49　北宋青黄釉带把瓷茶杯

（源自：南京博物院）

（12）宋代青瓷研钵、石臼（见图50）、茶铫子（见图51）、长流执壶（见图52），以及芙蓉花金茶盏（见图53）等，出土于成都平原地区宋墓。

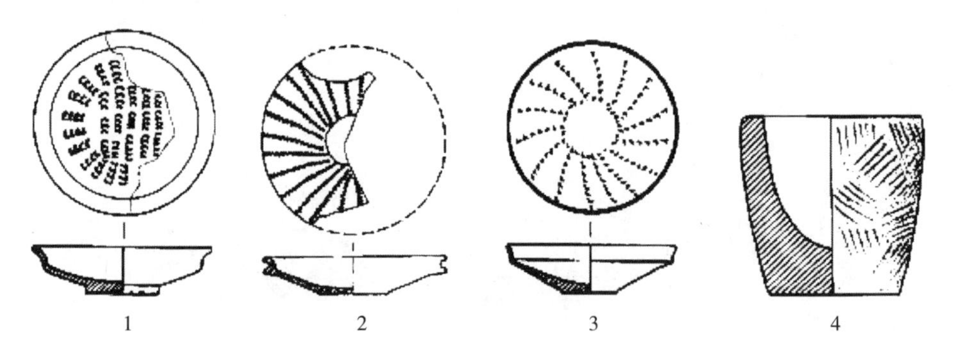

图50　成都平原城市、城镇遗址出土的瓷研钵及石臼

（源自：黄晓枫《成都平原考古发现的宋代茶具与饮茶习俗》，《四川文物》，2012年第2期）

1. 杜甫草堂遗址出土青瓷研钵　2. 平乐冶铁遗址出土褐釉瓷研钵　3. 邛崃南街遗址出土青瓷研钵

4. 杜甫草堂遗址出土石臼

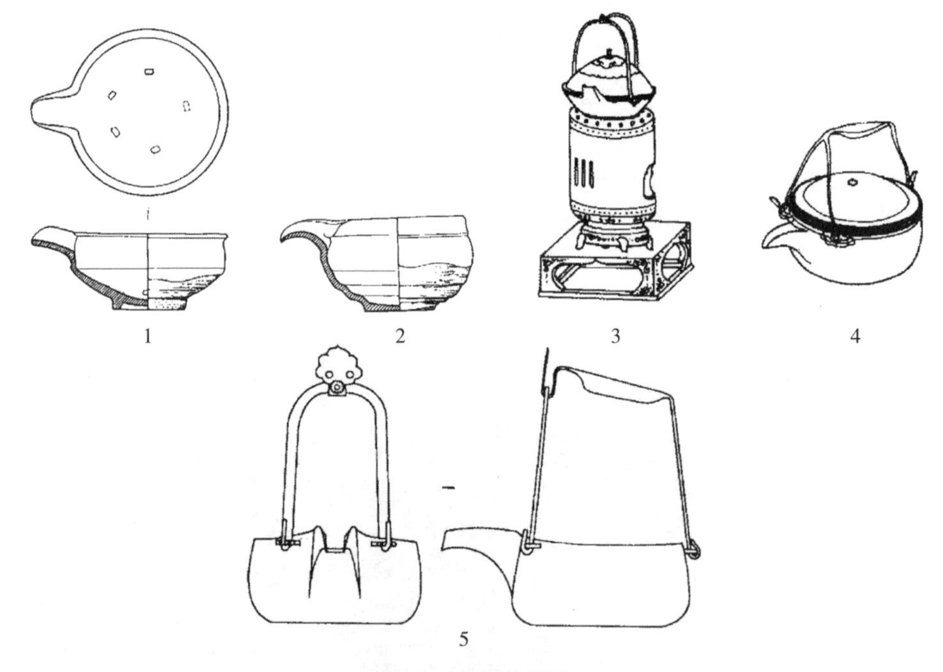

图51　各式茶铫子

（源自：黄晓枫《成都平原考古发现的宋代茶具与饮茶习俗》，《四川文物》，2012年第2期）

1. 玉堂窑白瓷铫子　2. 内姜街出土黑褐釉铫子　3. 风炉和铫子摹本（源自刘松年《撵茶图》）

4. 定窑铫子（采自扬之水《两宋之煎茶》，源自定窑出土器物）

5. 铜制无柄茶铫子

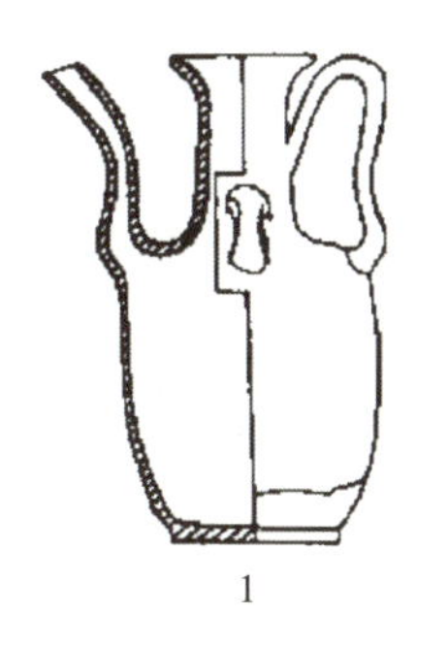

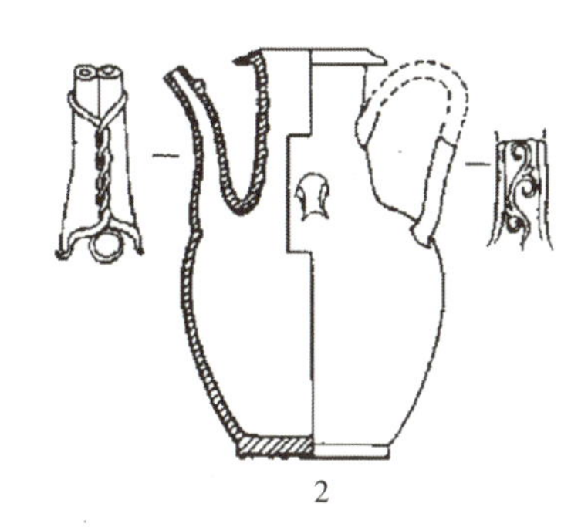

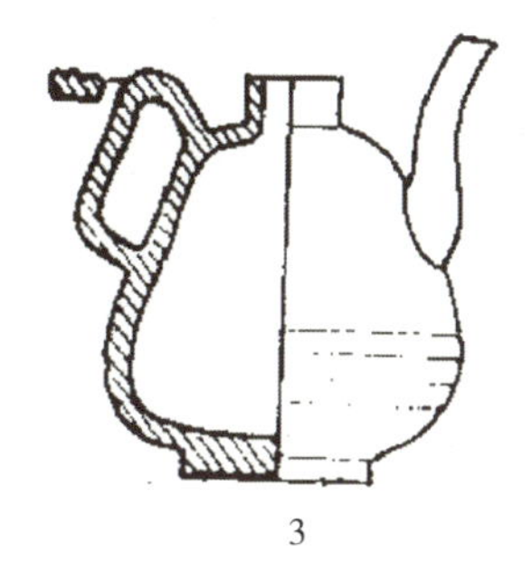

1　　2　　3

图 52　长流执壶

（源自：黄晓枫《成都平原考古发现的宋代茶具与饮茶习俗》，《四川文物》，2012 年第 2 期）

1. 邛崃南街遗址出土长曲流双系注壶　2. 邛崃南街遗址出土长曲流双流双系注壶

3. 邛窑什邡堂窑遗址出土长曲流注壶

图 53　芙蓉花金茶盏（口径 9 厘米、高 4.8 厘米，四川省安县文星公社出土。造型中有八朵花瓣顺时针叠压，碗内底部刻花蕊及花瓣，工艺精湛，极美品

（源自：四川博物院）

宋时成都的经济与文化已经非常发达，与茶相关的种茶、采茶、制茶、贩茶、焙茶、斗茶、饮茶等诸多茶事，基本与中原地区相一致，民间茶文化在宋人刻意追求意蕴的饮用方式中逐渐形成更加独特的饮茶习俗。北宋政府于熙宁七年（1074 年）在成都设立的“茶马司”，一是为了茶马古道贸易；二是为了以茶叶换取战马，使得成都“据陆川之会，茶商为多”[①]。

---

① 黄晓枫：《成都平原考古发现的宋代茶具与饮茶习俗》，《四川文物》，2012 第 2 期，第 42–49 页。

图 54　各式宋代银茶盏

（源自：镇江博物馆）

（13）宋代银茶盏，各式花朵状造型，1981 年出土于江苏溧阳平桥乡小平桥村宋代银器窖藏（见图 54）。此批银器皿造型多样，纹饰图案丰富多彩，构思新颖、制作精湛，极为雅致美观，为宋代金银茶器的代表，是研究当时金银器制造、艺术风格以及茶文化的重要见证之一。

图 55　宋代湖田窑葵口盏

（源自：邵武市博物馆）

（14）宋代湖田窑葵口盏，口径 13.8 厘米，高 5 厘米，福建省邵武市磨弯山墓葬出土（见图 55）。此件茶盏青白釉、白胎、葵口、六道出筋、矮小圈足，整体较为轻薄，底部有垫饼痕迹，为湖田窑早期精品。

（15）北宋晚期带盖铁茶鼎、骊山石茶釜（见图 56），青瓷、黑瓷、青白瓷茶器组合（见图 57），扣银口龙泉窑水注（见图 58），扣银口龙泉窑茶碗（见图 59），陕西省蓝田县吕氏墓葬群出土，现收藏于陕西历史博物馆。

陕西蓝田北宋吕氏家族考古发现，是 2010 年“全国十大考古新发现”之一，出土瓷器、石器、铜器、砚台等不仅数量较大，而且品种较多、品质较高。在出土瓷器中，有耀州窑青瓷、景德镇青白瓷、建窑黑瓷、定窑白瓷等断代相对明确，考古意义重大。2013 年曾在北京大学赛克勒考古与艺术博物馆举办《异世同调：陕西蓝田吕氏家族墓地出土文物》展览；2018 年曾出版《大临大雅——蓝田吕氏家族墓出土文物精粹》。

陕西吕氏是北宋晚期西安地区的名门望族，其中吕大防曾任宋哲宗时期宰相，其兄弟四人也都是当时名士。吕大防的弟弟吕大临（1042—1090 年），是北宋著名的哲学家、金石学家，崇尚礼学，曾拜于洛学程颢、程颐兄弟门下。他不仅在哲学方面治学精深，而且在金文考古学方面更有成就，曾编撰《考古图》十卷，收录青铜彝器 200 余件，玉器、石器多件。在书中有插图，且标注尺寸、重量装饰图案等，记述了出土时间、地点、流传经过等信息。

图 56　北宋晚期带盖铁茶鼎、骊山石茶釜

（源自：陕西历史博物馆）

图 57　北宋晚期青瓷、黑瓷、青白瓷茶器

（源自：陕西历史博物馆）

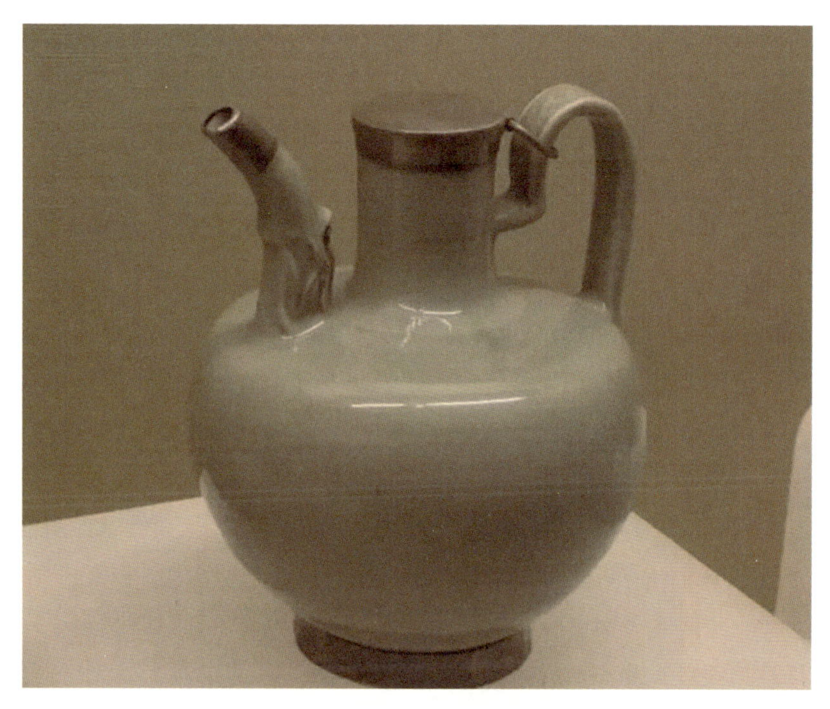

图 58　北宋晚期扣银口龙泉窑水注
（源自：陕西历史博物馆）

图 59　北宋晚期扣银口龙泉窑花口茶碗
（源自：陕西历史博物馆）

还著有一本《考古图释文》，对《考古图》书中收录的带铭文的96件青铜器进行了考释，是我国古代最早著录考释青铜器的著作，是古代金石学的引领者之一。墓中还有古代青铜器，和茶器、酒器一起出土，完整诠释了一个北宋时期文人雅士的生活特征。

墓葬中出土的大量茶器，组套完整、用瓷讲究，也有一些铁、石制茶器，表明饮茶在北宋时期的流行和重要性，有很高的学术价值。出土器物中的茶鼎、茶铫、茶釜都是烹煮末茶的器具，其中石茶釜烹煮茶汤就没有异味，相对讲究；出土器物中还有青石茶碾、通把茶筅、铜则、茶著等,都比较特别，应该是定制的；出土器物中的托盏数量较多，以瓷为主，兼有锡、石等质地，还有一件黑托白盏更加清新脱俗，亦有金兔毫、银兔毫建盏，都极为珍贵。

青瓷、黑瓷、青白瓷等茶器组合，应该都是成套定制，比较奢侈。特别要值得一说的是两件扣银口茶器，即扣银口龙泉窑水注、扣银口龙泉窑花口茶碗。此两件级别更高，龙泉釉较厚，玉质感强，扣口就又多了一道工序，且是扣银口，非一般人家所能消费了。南宋时期扣器开始流行，但主要是因为芒口，必须要扣口，一般为扣铜或锡，胎釉也薄得多。

二、关于“建盏”的主要发现

建窑于唐时创烧，多产黑瓷，北宋时器样最佳、赞誉度最高，南宋时产量最大、外销鼎盛，一直延续至明清。建窑原本是一个小窑口，由于北宋“斗茶”对于深色茶盏的需求,开始专供宫廷,为皇家定制的部分茶盏底部刻“供御”或“进盏”字样，一时风靡天下。建盏胎体厚实、坚致，手感较重，色呈浅黑或紫黑，器型以碗、盏为主，因窑变而产生的“兔毫釉”“鹧鸪斑”等，是为名品。建盏最吸引人的特征在于:（1）釉汁厚挂垂流，形成各种线纹兔毫、斑点等，自口沿往下有深浅变化，釉色中银灰、褐黄、褐蓝等相互交融，在充足光线下，灿然闪烁，极为美观;（2）紫黑而润泽的釉色，加上厚重的手感，以及底部露胎、削足等，使得建盏沉稳大气；（3）茶与器一体，各种色彩搭配和谐，增加了斗茶的乐趣和饮茶的感受度，得到更多文人名士的推崇与喜爱。建盏流行后，周边很多窑口如武夷山窑、福清窑等纷纷开始仿烧。

建窑的考古发掘，在二十世纪六十年代、七十年代、九十年代分别有过一次。据不完全统计，建窑附近出土有建盏的宋代墓葬较多，其中有明确纪年的墓 10 座，年代最早的是北宋宣和六年（1124 年），最晚的是南宋宝祐二年（1254 年）。

建窑建盏不仅盛名于国内，还大量销售到海外，尤其在日本，也视建盏为珍品。南宋嘉定年间，日本有和尚及匠人来到福建学习制作黑釉瓷的方法，回国后开窑烧制，在日本称作“天目釉”，以后逐渐沿用，“天目”成为日本黑釉的代名词。收藏有建盏珍品的日本机构有：东京静嘉堂、京都大德寺龙光院、大阪藤田美术馆等，均被日本定义为国宝。

关于“建盏”的主要材料有：

（1）北宋油滴釉“鹧鸪斑”建盏，高 6 厘米、口径 12.4 厘米，福建省南平市建阳区水吉大路后门窑出土，现收藏于福建省博物院（见图 60）。此件建盏保存完好，内壁黑釉间呈现放射状亮褐色羽状斑纹，外壁亦有酱褐斑，俗称“鹧鸪斑”，为建窑珍品。宋初《清异录》中有：“闽中造盏，花纹鹧鸪斑点，试茶家珍之。”“鹧鸪斑”是人工装饰并窑变工艺烧制而成，点彩釉窑变鹧鸪斑，烧制条件要求比较高。其成为稀少的名贵品种，主要是因为文化层面上的原因，宋代崇尚理学，并讲究自然和清简，建窑也是因此而兴盛起来的，但鹧鸪斑盏有人工添加内容，与纯简自然的理念不相符合，

图 60　北宋油滴釉建盏

（源自：福建省博物院）

所以实际烧制并传世的产品并不多。

（2）宋代建窑遗址群出土酱釉束口建盏、斗笠盏、敛口茶钵等器（见图61），器型多样，年代可上溯至五代、下到南宋晚期，地址位于福建省南平市建阳区水吉镇后井村一带山坡上，是最重要的建窑遗址考古发现之一。[①]

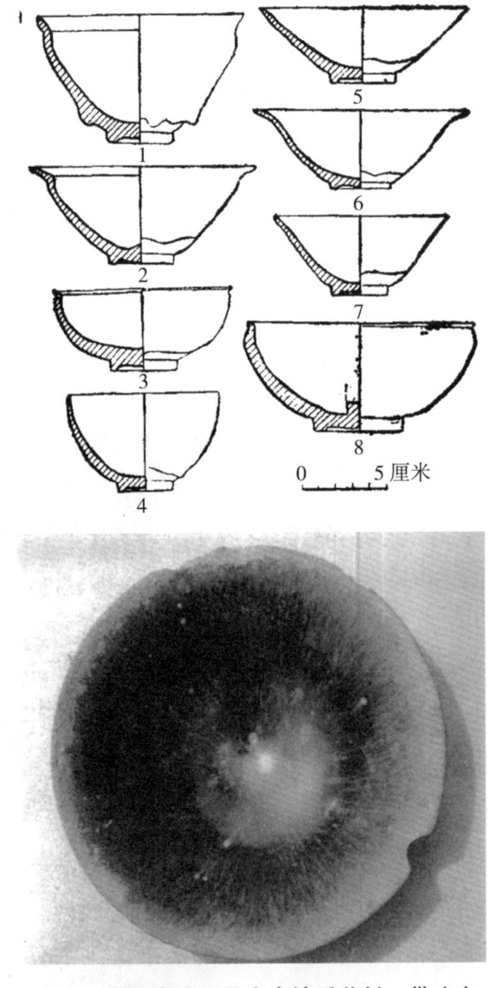

图 61　福建省建阳县水吉镇后井村一带建窑遗址出土各类建盏

（源自：福建省博物院）

① 李德金：《福建建阳县水吉北宋建窑遗址发掘简报》，《考古》，1990 第 12 期，第 1095–1099 页。

图 62　南宋酱釉建盏

（源自：大英博物馆）

该次发掘范围较大，在庵尾山窑址发现有青瓷，大路后门山、营长墘窑址发现有影青瓷，其他各处均为黑釉瓷。各处均以碗、盘等生活器型为主，兼有灯、钵、罐、瓶等器形，但数量极少。其中超过百分之九十几的都是碗。

（3）南宋酱釉建盏，高 6.5 厘米、口径 13.2 厘米，大英博物馆藏品（见图 62）。此件建盏釉光润泽、包浆沉稳，内外酱釉色彩过渡自然，保存较好，为南宋成熟期建窑的量产精品。

（4）南宋兔毫釉建盏，高 5 厘米、口径 11.03 厘米，南平市博物馆藏品（见图 63）。此件建盏束口、浅腹、小圈足。没有了较大型建盏的束口，腹

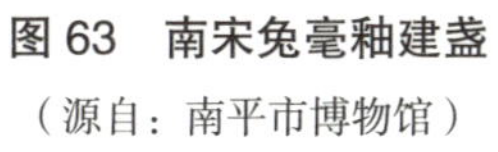

图 63　南宋兔毫釉建盏

（源自：南平市博物馆）

部往内收，收撇口更开，器壁也比较薄，这是与北宋时期点茶碗的最大区别。灰黑胎，胎体厚重，施黑釉不及底，口沿釉流较薄，腹下部积釉呈流滴状。碗内兔毫晶莹，光洁度高，是为精品。

第二节　靖康之后的末茶器

靖康之变对于社会发展的影响巨大，宋室南迁，宋瓷各大窑口尤其是汝窑、钧窑等北方窑口，生产基本停滞，这种影响一直伴随整个南宋，可谓刻骨铭心。在茶器美学的层面，也基本不见风雅，金银器减少，瓷器开始变得轻薄、简率，即便是后来杭州繁华，也只是做做商业，将瓷器销往海外以补充国库而已。点茶风俗自然也一样，各样的讲究都急趋而下。

南宋绍兴十一年（1141 年）宋金议和，随即在今河南、江苏、安徽、湖北等地设立榷场，用以南北货物交换，进行有一定管理和官税的贸易。随着战争的结束，人们开始在各个方面寻找商业，或走私，或海贸，使得商业体量开始迅速增加。当人们在海洋贸易中获得更多的利益时，宋室朝廷也看到了这一点，于是开放特区、招募海商，对于优秀的市舶纲首还可以授以官职，一时间，海舶云集，尽收天下财富。

海上贸易的复苏，也得益于周边国家对于商业的需求。南宋乾道八年（1172 年），日本政府在接到南宋明州地方政府送去牒状和礼品后，于次年高规格发了复牒，以求尽快恢复贸易。《宋史·日本传》："乾道九年（1173 年）始附明州纲首，以方物入贡。"后来，数次派遣官团入宋进行贸易，收获了积山的财富。当时，日本平氏家族的家中："绮罗充室、花锦酒堂、轩骑群集，门前若市。家中有扬州之金、荆州之珠、吴郡之绫、蜀江之锦、七珍万宝无有缺漏。"[①] 可见其富裕程度。同时，这一时期还有大量豪族、海商、僧侣等

① 详见成书于 13 世纪初的《平家物语》，传为日本信浓前司行长所作，为镰仓文学的代表作之一。

先后涌进南宋，末茶、建盏以及禅宗也于此时更快速地输入日本。

至于辽金，作为边疆民族，与内地之间的商业及经济来往从未断绝。从文化意义上来说，无论是仰慕还是学习，他们的陶瓷、壁画、礼仪等都越来越倾向于中原，或者说将中原文化与草原文化相结合，基本上是在宋代后期，出现了独具一格的辽金文化。饮茶习俗也是在这一时期才扩展过去，正是源于这样的民族交融和思想撞击，辽金茶文化才得以传播和发展。

北方少数民族以牧猎为生，多食乳、肉而乏菜蔬，饮茶是不可或缺的。唐宋政府所实施的“茶马互市”政策，甚至认为茶可以吸引、控制少数民族，当然，这里的“茶”，不单单指茶本身，也指茶器、茶礼等。在辽代朝堂的朝仪中，“行茶”是一个重要内容，《辽史》中记载：外国使臣入辽，先参拜仪式，然后便要行汤、行茶，然后行肴、行膳。皇帝宴请宋使，在基本礼仪后“行饼茶”，重新开宴时要“行单茶”。辽朝茶仪多仿宋礼但也有所不同，宋朝茶礼在酒食之后，辽朝则未进酒食先行茶礼。在辽朝内部礼仪中，“行茶”更多，在节气、祭拜以及皇族成员生辰时都会在参拜之后行饼茶。契丹人崇尚太阳，有拜日之俗，也会在大馔之后行茶礼。《契丹国志》[①]中载：“凡契丹主生日，朝廷所遗金酒食茶器三十七件，衣五袭，金玉带二条，乌皮白皮鞾二量，红牙笙笛，觱栗拍板，鞍勒马二匹，缨复鞭副之，金花银器三十件，银器二十件，锦绮透背、杂色罗纱绫縠绢二千疋，杂彩二千疋，法酒三十壶，的乳茶十斤，岳麓茶五斤，盐密果三十罐，乾果三十笼。”这里边就有很多茗茶和茶器。

女真人、党项人也纷纷效仿宋人品茶风尚，不仅是官员文人，还包括民间邻里，茶风日盛，亦形成诸多民间风俗和乡里规范。如：女真人男女订婚之时，男方携带聘礼拜访女方，必须要给女方家人行“下茶礼”。辽金时期虽然吸收了很多中原的饮茶方式，但更有蒙古特色的饮茶方式，如加入特殊佐料的炒茶、酥签以及西番茶等。

金代章宗时曾有过禁茶，规定七品以上官家方可有茶食，不允许有买卖，

---

① 【宋】叶隆礼：《契丹国志》（二十七卷），浙江鲍士恭家藏本。叶隆礼，号渔林，嘉兴人。淳祐七年（1247年）进士，官至秘书丞，奉诏撰此书。

若有茶叶交易或馈赠，按照数量定罪。禁茶的原因主要在于害怕茶事太盛，耽误农耕，并或会引发更多的走私。“茶饮食之余，非必用之物。比岁上下竞啜，农民尤甚，市井茶肆相属，商旅多以丝绢易茶，岁费不下百万，是以有用之物，而易无属之物也，若不禁，恐耕财弥甚。”“茶本出于宋地，非饮食之急。而自昔商贾以金帛易之，是徒耗也。泰和间，尝禁止之，后以宋人求和乃罢。兵兴以来，复举行之，然犯者不少衰，而边民又窥利越境私易，恐因泄军情或盗贼入境。今河南、陕西凡五十余郡，郡日食茶率二十袋，袋直银二两，是一岁之中，妄费民银三十余万也，奈何以吾有用之货，而资敌乎？”

一、辽金主要末茶器考古

我们把辽金版块独立出来，是因为辽金茶器有相对独立的艺术风格。在辽金陶瓷窑口的考古发现中，比较重要的陶瓷窑址有 7 处，分别为：上京窑、龙泉务窑、缸瓦窑、南山窑、白音戈勒窑等；在辽宁、黑龙江、吉林、北京、河北、内蒙古等地辽墓中均出土有白瓷、黄釉瓷、三彩器、酱釉瓷、绿釉瓷等，其中以黄釉瓷、绿釉瓷以及三彩器居多。辽瓷茶器中还有白釉黑花瓷，除了部分官窑外，大部分都简率粗糙，白釉有所发黄，黑釉有缩釉点及杂质点，部分有化妆土。三彩器一般都胎质疏松、施釉较薄，容易脱落。从工艺上来说，在接受唐代三彩以及宋代定窑的影响之时，还是保持了辽瓷最直接的特征。关于这一点，在辽应历八年（985 年）辽赠齐王赵德钧墓、应历九年（986 年）辽驸马墓、重熙二十二年（1053 年）王泽墓中出土的茶器中可见一斑。

在辽墓壁画里，也有较多茶事、茶器的内容。如：宣化下八里村辽墓壁画中，有茶和茶具的图画，其中一张桌子上有一套食盒、一套茶具，另一张桌上有瓷碗、瓷碟、执壶、托盏，地上放有茶碾、茶炉和茶盘，茶盘中有饼茶、茶筅等，茶炉上面还有一把银执壶，如同“茶室”的布置。

（1）辽代曲柄琉璃杯，高 11.4 厘米，口径 9 厘米，古法吹制、造型奇特，应为伊斯兰产品，属高端茶器，通辽市奈曼旗陈公主与驸马合葬墓出土，

图 64　辽代陈公主及驸马墓出土曲柄琉璃杯
（源自：内蒙古自治区文物考古研究所）

图 65　辽代白釉执壶及茶盏
（源自：辽上京博物馆）

藏于内蒙古自治区文物考古研究（见图 64）。

辽代陈公主和驸马墓共出土瓷器 30 件，其中茶器有白瓷盏、白瓷盖罐、绿釉长颈执壶，还有西域进口琉璃杯、壶等。

（2）辽代白釉执壶及茶盏，高 27.8 厘米，造型敦厚，釉面单薄，略显粗糙。上有一茶杯，可做壶盖用，装流位置靠上，且太直，显得僵硬，柄有唐风，为辽朝仿定窑所产茶器，现收藏于辽上京博物馆（见图 65）。

（3）金代钧瓷匜，高 7 厘米、口径 16.7 厘米，平地、支钉烧，口沿外附槽形流，流下有小环，深青釉，口沿略透呈浅金色，造型精致，光润度极高，为末茶茶器中的精品（见图 66）。

图 66　河南叶县文集出土金代钧瓷匜
（源自：平顶山市博物馆）

（4）金代白釉单耳茶杯，口径 16 厘米、通高 5.1 厘米，素面，灰

图 67　金代白釉单耳茶杯

（源自：首都博物馆）

白色胎、胎质细腻，白釉较薄，釉色白中闪青，色泽明润，有细小开片，北京丰台金代乌古论窝论墓出土。此种茶杯压手感好、相对文雅，也有些西方感觉，均属于金代仿耀州窑的产品（见图 67）。

二、南宋主要末茶器考古

南宋时期的茶文化特征，主要在于以下几点：（1）持续了北宋的末茶点茶内容，将前期茶坊茶肆的点茶发展为普通消费的街头商业。刘松年所绘《斗茶图》《卢仝烹茶图》《茗园赌市图》《撵茶图》等画作清晰地说明了这一点；（2）末茶开始向末茶道发展，如“绣茶”“漏影春”[①]等，成为当时比较新奇的方法。南宋时期禅法比较流行，茶与禅宗文化的结合更加紧密，禅林逐渐增多吃茶的礼仪和行法，杭州径山寺就以茶会和茶宴最为著名；（3）末茶道、末茶器以及茶树种植开始大量被日本等其他国家引进，中国茶文化系统性传入海外。在南宋禅茶文化传入日本的过程中，日本名僧南浦昭明、圆尔辨圆、无本觉心等先后来径山寺学习，在他们回国时，带回了茶经典籍、径山茶具、制茶技术以及“径山茶宴”等整套的禅茶礼仪系统，后逐渐演化为“日本茶道”，成为日本上层社会流行并流传至今的日本茶文化。

（1）南宋龙泉窑青瓷斗笠盏，高 5.7 厘米、口径 14.9 厘米，敞口，外壁

---

① 陶谷《清异录》中有：“漏影春法，用镂纸贴盏，糁茶而去纸，伪为花身。别以荔肉为叶，松实，鸭脚之类珍物为蕊，沸汤点搅。”并《祥茗录》中也有：“近世有下汤运匕，别施妙诀，使汤纹水脉成象者。禽兽虫鱼花属，纤巧如画。但须臾就散灭，此茶之变也。”陶谷（903 年—970 年），姓唐，字秀实，北宋大臣，曾任礼部尚书、户部尚书等职。

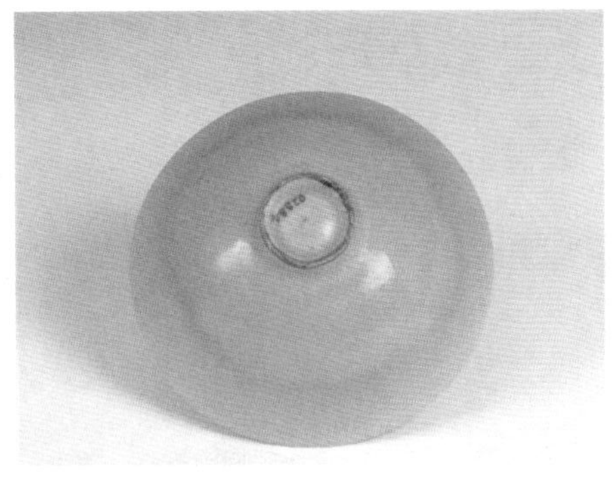

图 68　南宋龙泉窑青瓷斗笠盏

（源自：浙江省博物馆）

图 69　南宋银制末茶盒（径 12.1 厘米、高 8.8 厘米）

（源自：陈邵龙《邵武市黄涣墓出土宋代茶具研究》，《福建文博》，2014 年第 3 期）

斜直，形似斗笠，小圈足，通体施粉青釉，足端呈现有火石红，胎体坚致、较为轻薄，为南宋龙泉窑精品，现收藏于浙江省博物馆（见图 68）。

（2）南宋银制末茶盒（见图 69）、镶银扣大漆描金茶碗（见图 70）、镶银扣大漆带托茶盏（见图 71）等，出土自福建省邵武市南宋黄涣墓。[①] 此墓中出土茶器较多，尤其是制作精美的漆木茶具，能反映当时福建地区大漆工

① 陈邵龙：《邵武市黄涣墓出土宋代茶具研究》，《福建文博》，2014 年第 3 期，第 30–34 页。

图 70　南宋镶银扣大漆描金茶碗（径 10.4 厘米、高 5.4 厘米，仿建窑兔毫盏）

（源自：陈邵龙《邵武市黄涣墓出土宋代茶具研究》，《福建文博》，2014 年第 3 期）

图 71　南宋镶银扣大漆带托茶盏（盏口径 10.4 厘米、高 5.4 厘米，镶银扣）

（源自：陈邵龙《邵武市黄涣墓出土宋代茶具研究》，《福建文博》，2014 年第 3 期）

艺品制作的兴盛，以及饮茶风俗的流行。黄涣（1147—1226），字德亨，历任南宋太学博士、岳州知县等职。

（3）南宋建盏（见图 72）、錾刻花银茶盏（见图 73）、缠枝香草纹银瓶（见图 74）等，出土自江苏省江浦黄悦岭南宋张同之夫妇墓。[1] 因南宋战乱后积

① 南京市博物馆：《江浦黄悦岭南宋张同之夫妇墓》，《文物》，1973 年第 4 期，第 59–63 页。

图72　南宋建盏(口径12厘米,高7.1厘米)

(源自：南京市博物馆《江浦黄悦岭南宋张同之夫妇墓》,《文物》,1973年第4期)

图73　南宋錾刻花银茶盏(五瓣梅花形，内部锤揲、錾刻梅花纹，口径9.5厘米，高3.9厘米)

(源自：南京市博物馆《江浦黄悦岭南宋张同之夫妇墓》,《文物》,1973年第4期)

图74　南宋缠枝香草纹银瓶(通体压印香草纹，通高21.5厘米、口径2.4厘米)

(源自：南京市博物馆)

贫积弱，金银器在当时的社会层面上是被禁止的，“市肆造作缕金为妇人首饰等物者禁”。此墓中出土茶器及银器，都是早期流行的名贵器物，用作随葬品，与当时流行器物有所不同。

（4）南宋镂空鎏金银茶匙（见图 75），勺正中镂空一圆形花朵纹饰，正是点茶用以做茶面浡沫上纹饰即“绣茶”“漏影春”等的用具，造型雅致，特征明显，出土自江西省德安县吴桥乡南宋墓葬，难得之精品。[①]

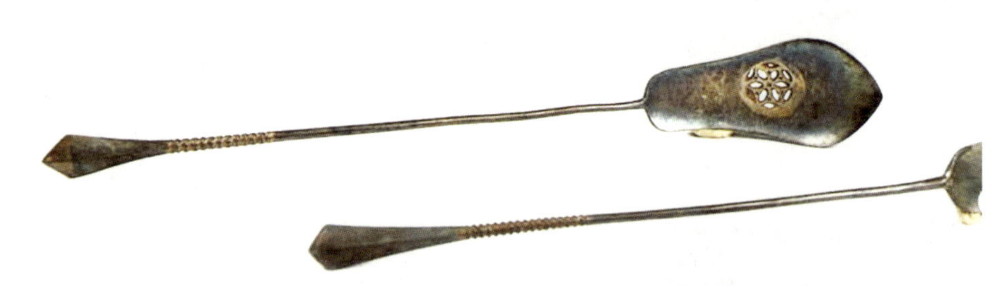

图 75　南宋镂空鎏金银茶匙（长 23.5 厘米）

（源自：德安县博物馆）

① 王宣艳：《中兴纪胜——南宋风物观止》，《艺术品》，2016 年 1 期，第 15 页。

第四章

末茶器的民间归隐

茶叶作为可贸易商品，在元代还是有进一步的发展，据《元史·食货志》记载，其时将种茶卖茶的农家称为“茶户”，要求他们零售时是要有“茶由”的，相当于营业执照；转运贩销时要有“茶引”，其相当于专用路条；同时，还在榷场设立“榷茶都转运司”，以管理茶叶贸易。

元代时期，还发展了一些特别的茶种，比如：“花茶”。其中比较特别的当属茉莉花茶、芍药花茶等，元袁桷有描写花茶的诗句：山后天寒不识花，家家高晒芍药芽。南客初来未谙俗，下马入门犹索茶。

第一节　有元一代的末茶器

末茶在有元一代，开始有所衰落，这是因为宋时流行的“团茶”“饼茶”制作太过奢侈，耗费太多人力物力，而元代统治者又看不上读书人，故也不会像宋式文人一样讲究文雅格调。元代茶文化，体现最多的是多民族大一统的交流和融合，是奶茶、花茶、果茶等新饮茶风尚与茶食习惯的发展[①]。

在考古发现的材料中，如：山西省大同市城西宋庄冯道真墓、白马城王青墓，西郊齿轮厂元墓、宋庄元墓，齿轮厂托儿所元墓、东郊曹夫楼崔莹李氏墓等，除壁画中所绘的茶具外，出土的大量实物茶具包含了茶碗、盏托、茶罐等。从茶器组合的精减中，能看到元时流行喝散茶的特征，以及省略了备茶过程中的许多繁文缛节，精品虽不减其质，但民间普品大量减少，近

---

① 陈旭霞：《元代的茶俗、茶品、茶艺——元曲里所见的茶文化》，《农业考古》，2008 年第 2 期，第 178–188 页。文中认为：从元曲中可以看到，元代茶叶的生产和饮用虽然基本沿袭宋制，但饮茶方式和文化内容都出现了一些前所未有的变化。元曲记录的大量茶品，从名称上可以分辨制作方法、产地、色形以及从外地引进，以乳汁、果品等制成各式各样的茶，也形成了发达的茶馆文化。

乎断绝。所见点茶茶器，也只保留了必需的几个品种，如：托盏、注水壶[①]。

而在山东菏泽所发现的元代沉船，其中共有100余件瓷器、漆器、玉器、铜器、金器，较多茶器精品。与朝鲜新安江元代沉船出土的文物相比较，可以发现，末茶在一些局部区域的高规格活动中依然存在，茶器品质也未降低。同时，在海外贸易中，关于茶器的外销数量依然居高不下，其中的精品不在少数[②]。

所以说，在元代茶文化发展中，宫廷、宗教、文人士大夫阶层各有特点，民间最突出表现的是新茶品种的创新以及地域茶俗沉淀。元代对于茶文化的贡献，主要有：（1）成书于元仁宗皇庆二年（1313年）王祯所著《农书》，共37册，其中有部分关于茶叶生产、茶器制造的内容；（2）“元四家”之一王蒙绘有《煮茶图》，此幅水墨山水画表现了王蒙晚年的隐居生活，将茶文化精神和仕人归隐概念融为一体；（3）北方窑口中，茶器的风格与南方截然不同，变得胎重、釉厚，器型上有高足杯、单耳压手杯、龙纹瓶、青花罐等，也有新创烧的青花和釉里红，在茶器发展史上有重要的地位。

元代太过于短暂，蒙古贵族又缺乏中原文化的底蕴，故而在散茶的基础上，开始流行冲泡，即用沸水直接冲泡茶叶，简单方便。这种直接冲泡的方法，是明代炒青散茶的基础，在明代以后开始盛行。

关于元代考古或考古调查所发现的一些末茶茶器，主要有：

（1）元代龙纹青瓷高足杯（见图76）、如意云纹单耳杯（见图77）、钧窑连托茶盏（见图78）、元代磁州窑白地褐彩龙凤纹罐（见图79），出土于山东菏泽元代沉船。另外，此沉船上还出土有3件极为珍贵的元青花梅瓶。

（2）元代蓝釉描金梅花碗（见图80）、青花釉里红开光贴花卧狮钮盖罐（见图81），出土自河北省保定市元代窖藏。此处窖藏共出土元代瓷器11件，包括6件青花瓷器、2件卵白釉瓷器和3件蓝釉描金瓷器。其中青花釉里红开光贴花狮钮盖罐，集绘画、贴塑、浮雕于一身，艺术水准极高。

---

① 王利霞、陶春慧、张晶晶：《大同地区元代墓葬中的茶具与茶文化》，《文物天地》，2019第7期，第48–51页。

② 王守功、张启龙、马法玉、李罡、吴双成、李胜利、孙明、马静、宫衍军、郅同林、朱来劲、张玉民、房成来、张胜宪、林雪川、徐姗：《山东菏泽元代沉船发掘简报》，《文物》，2016年第2期，第40–49页。

图 76　龙纹青瓷高足杯（径 12.8 厘米，通高 11 厘米，外壁堆塑二龙戏珠纹）
（源自：菏泽市博物馆）

图 77　元代如意云纹单耳杯（口径 7 厘米，高 4.1 厘米。稍敛口，杯口一侧有如意云纹把柄）
（源自：菏泽市博物馆）

图 78　元代钧窑连托茶盏（通高 11.1 厘米，盏口径 7.8 厘米）
（源自：菏泽市博物馆）

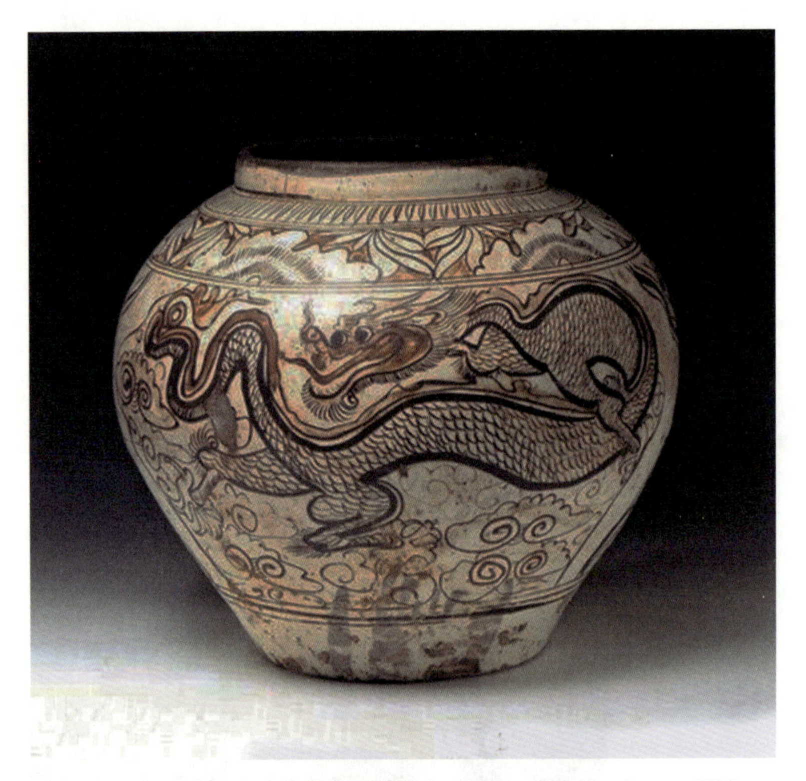

图 79　元代磁州窑白地褐彩龙凤纹罐（口径 21.3 厘米，高 34.7 厘米，底部火石红明显，勾描填彩龙凤祥云纹）

（源自：菏泽市博物馆）

图 80　元代蓝釉描金梅花碗（长 13.6 厘米）

（源自：河北省文物保护中心）

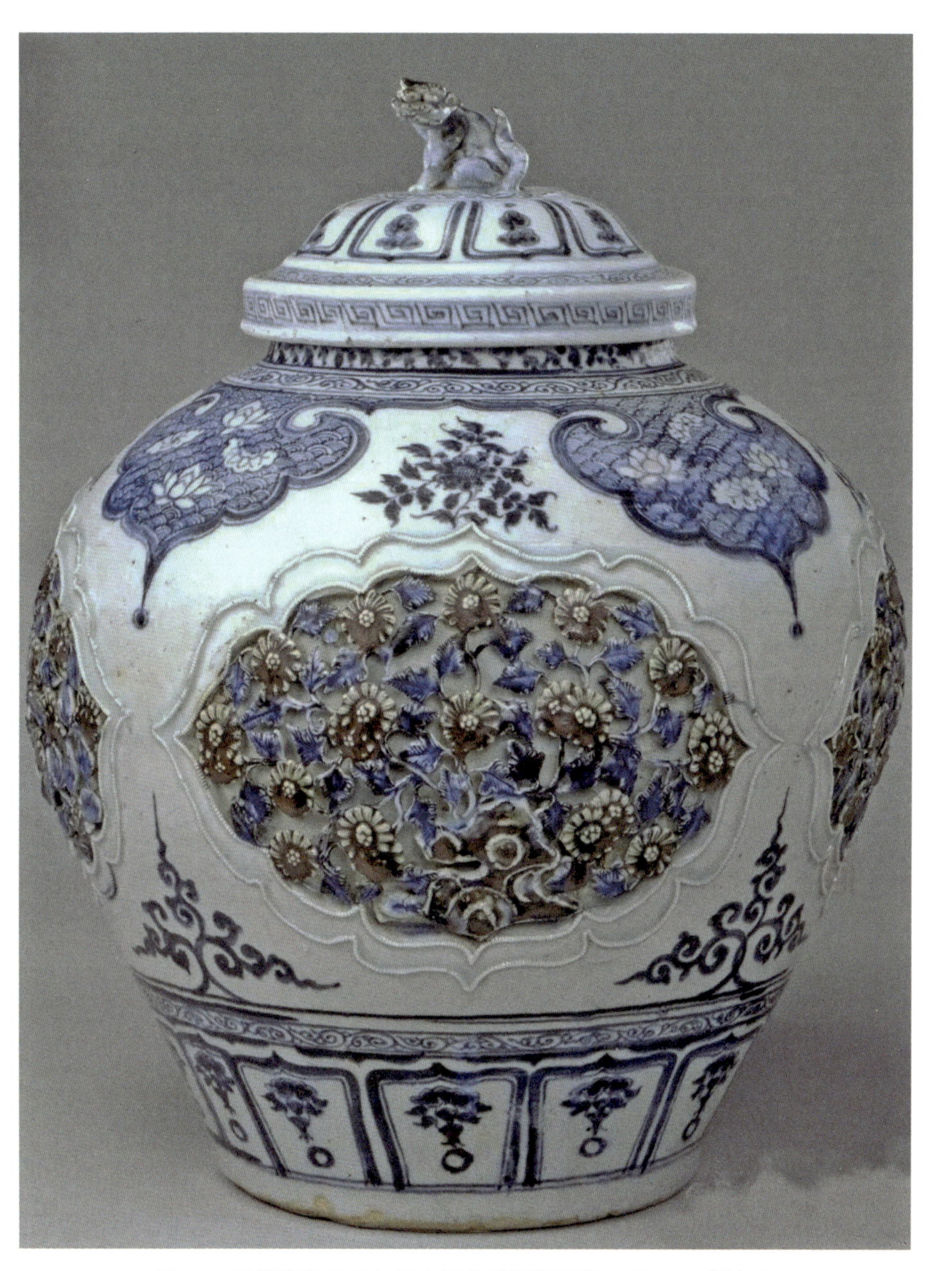

图 81　元代青花釉里红开光贴花卧狮钮盖罐（高 42.3 厘米）

（源自：故宫博物院）

第二节 明清之间的末茶器

马端临《文献通考》有载："茗有片有散，片者即龙团，旧法；散者则不蒸而干，如今之茶也。始知南渡之后，茶渐以不蒸为贵矣。"到了明代，末茶用法受到一个致命的断绝。洪武二十四年（1391 年）朱元璋诏令："岁贡上供茶，罢造龙团，听茶户惟采芽茶以进。"这一次自上而下的改变，表面上看是为了减轻茶户劳役，实际上导致的结果是，"团茶"退出历史舞台，末茶不再是上层社会的主要流行爱好，由烘青、晒青、炒青等制法发展到红茶、黑茶、白茶、乌龙茶等品类，所构成的散茶之风，开始推广到了社会各个层面。

散茶饮法不再碾末冲泡，茶器中的磨、碾、罗、汤瓶、茶筅等皆不再常用，宋时所崇尚的黑釉建盏也逐渐被景德镇的白瓷所取代。散茶泡茶以青翠为胜，适合使用白色的茶盏来衬托，屠隆《考槃余事》中有："宣庙时有茶盏，料精式雅质厚难冷，莹白如玉，可试茶色，最为要用。蔡君谟取建盏，其色绀黑，似不宜用。"泡茶成为主流，"末茶"逐渐不为人所知，其中的"绣茶""漏影春""七汤点茶""四雅"等，以及其所可能得到的创新传承也都没有得到继续。茶文化在近现代传承最好的只有茶器，比如：宜兴紫砂壶。而在西方咖啡、茶文化中，传承的拉花、裱花、茶点等内容，现在依然是大众日常生活流行的主要内容。

那么，明清之后末茶是彻底断绝了吗？也不是的，明清的末茶至少在两个层面尚有流行，一个在于个别仕人，无锡博物馆藏清代丁云鹏所绘《煮茶图》中可见一斑；另一个就是在南方沿海的个别区域，因为战乱相对较少，以及海贸港口的缘故，传统的茶风得以留存。

明代朱权所著《茶谱》中有关于末茶用法的内容，与唐宋时期用法基本接近。朱权，为朱元璋第十六子，封宁王，一生看淡名利、著述颇丰。在《茶谱》序言里有："予尝举白眼而望青天，汲清泉而烹活火。自谓与天语以扩心志之大，符水火以副内炼之功。得非游心于茶灶，又将有裨于修养之道矣，其为清哉！”说明朱权鄙视世俗、追寻魏晋名仕之风的志向。另外，关于末茶器皿的使用，也有与前代不同的解释，如：茶盏“今淦窑所出者与建盏同，但注茶，色不清亮，莫若饶瓷为上，注茶则清白可爱”；茶炉“予以泻银坩锅瓷为之，尤妙。襻高一尺七寸半。把手用藤扎，两傍用钩，挂以茶帚、茶筅、炊筒、水滤于上”；点茶过程“凡欲点茶、先须供烤盏。盏冷则茶沉，茶少则云脚散，汤多则粥面聚。以一匕投盏内，先注汤少许调匀，旋添入，环回击拂，汤上盏可七分则止。着盏无水痕为妙。今人以果品为 换茶，莫若梅、桂、茉莉三花最佳。可将蓓蕾数枚投于瓯内罨之。少倾，其花自开。瓯未至唇，香气盈鼻矣。 熏香茶法 百花有香者皆可。当花盛开时，以纸糊竹笼两隔，上层置茶，下层置花，宜密封固，经宿开换旧花。如此数日，其茶自有香气可爱。有不用花，用龙脑熏者亦可。”

清代时期，清朝贵族最喜喝的是花茶，即所谓“香片儿”，也是冲泡。其中虽也有“点茶”的字眼，但概念上已完全不同，是制作花茶的一种方式。见《清稗类钞·以花点茶》:“以锡瓶置茗，杂花其中，隔水煮之。一沸即起，令干。将此点茶，则皆作花香。梅、兰、桂、菊、莲、茉莉、玫瑰、蔷薇、木樨、桔诸花皆可。”另外，在清晚期时，茶馆中有流行“高末”一词，也与末茶不同，是为筛选优质茶之后剩下的碎茶。

关于茶器，由于明清时期的各项工艺精熟，除了景德镇陶瓷、宜兴紫砂之外，福州、扬州的脱胎漆茶器，四川的竹编、竹丝扣瓷茶器，山东的古法琉璃茶器，以及用玛瑙、水晶、白玉等材料制作的茶器，一时间美物缤纷、目不暇接，形成了迄今为止丰富饱满的中华茶文化。

关于明清时期的茶器考古发现，主要有：

（1）明代紫砂茶叶盖罐，由原矿红泥制成，料粗，杂含砂粒，为商品型茶罐。（见图 82）。直口、弧肩，短颈，平底，腹呈直筒状。盖面微鼓，中心印“天俊”阳文长方形印章，“天俊”应为茶叶品牌。

宜兴紫砂在明代中后期开始发展，刚开始的紫砂器仅以日用，做工比较粗糙，“供春于给役之暇，窃仿老僧心匠，亦淘细土抟胚，茶匙内中，指掠内外，指螺纹隐起可按，故腹半尚现节腠，视以辨真”。及至后来，才逐

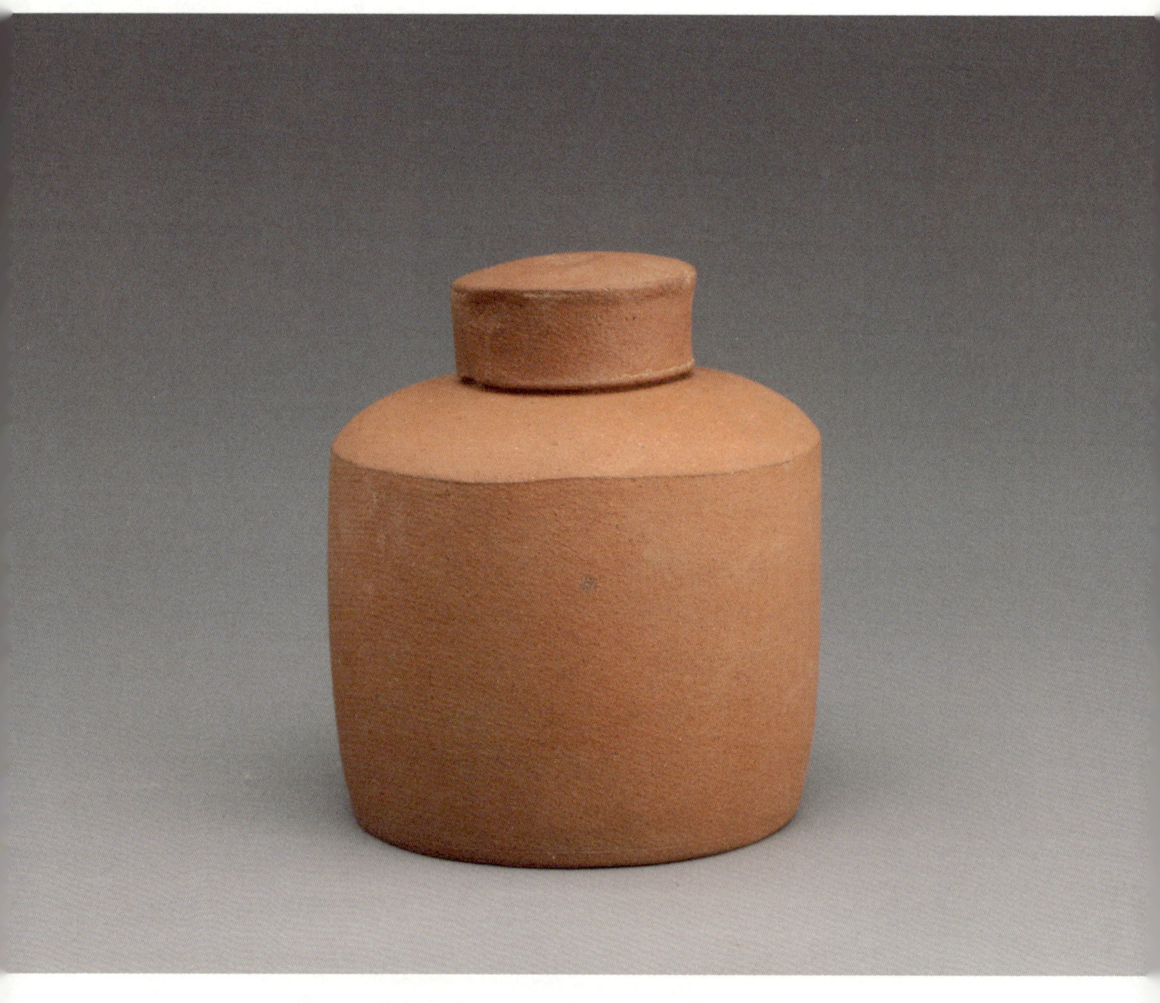

图 82　明代紫砂茶叶盖罐（高 10.5 厘米、口径 3.5 厘米）

（源自：中国茶叶博物馆）

渐讲究规正精巧，如古金石，以独有的实用性与艺术鉴赏相结合，得到人们的追捧。

明代前期实行匠户制，自成化二十年（1484 年）改为征银制，这些改革使手工业者得到一定程度的动力，从而推进各项生产的快速发展。当时宜兴丁蜀镇一带逐渐形成为集中的产区，“于四方利最薄，不胫而走天下半”“商贾贸易缠市，山村宛然都会”。在明末时期的海上贸易中，宜兴紫砂器也由海商远涉重洋运至西欧，成为欧洲市场的畅销品种，被称为中国的“朱砂瓷”。英国贵妇人亦喜欢用紫砂器作下午茶用，但后来觉得清洗起来不太方便，于是在进口的紫砂器内部重新上釉复烧一遍，得到新的紫砂茶器。

（2）明代剔犀大漆盏托（见图 83），圆形盏托、盘及高足一体，在大红底漆面上通体雕如意云纹，托内髹黑漆，色泽深沉黝亮，古色古香。剔犀又称雕漆，其工艺主要是先以两色或三色漆相间反复漆于胎骨上，至相当的厚度后，斜剔出云钩、回纹等图案，得到不一样的美感。

图 83 明代剔犀大漆带托茶盏（高 9 厘米、口径 9 厘米）

（源自：中国茶叶博物馆）

图 84　清乾隆豆青釉暗刻云幅纹四方茶叶瓶（高 19 厘米、口径 3 厘米）

（源自：中国茶叶博物馆）

图 85　清竹编茶籯（高 42 厘米、长 36 厘米、宽 23.7 厘米）

（源自：中国茶叶博物馆）

（3）清乾隆豆青釉暗刻云幅纹四方茶叶瓶（见图 84），呈四方形，周身施青釉，暗刻云蝠纹，象征“四方有福”，是传统题材中比较常见的样式。

（4）清代竹编茶籯（见图 85），竹编而成，内部分隔巧妙，有两层，四角包铜，正面有铜鱼形拉手，两侧装有圆形铜手环，放置茶器使用。

（5）清锡胎包椰壳雕杂宝纹茶器一套（见图 86），包含末茶罐、盒、茶壶、奶壶、带托盏等，各件均以锡、椰壳制成，外部有描金及大漆工艺，表面有杂宝纹、团寿纹等，雕刻精美，藏于中国茶叶博物馆。

图 86　清锡胎包椰壳雕杂宝纹茶器一套（尺寸不一）

（源自：中国茶叶博物馆）

第三节　末茶器外销考古调查

明代中后期及清代中期之后，由于海上贸易的拓展，以及欧洲“中国热”的兴起，茶器与其他外销商品一起，开始了中华茶文化的“东学西渐”流程。在这一时期，国内瓷器、茶叶、紫砂的外销输出量均达到顶峰，茶器美学对于日本茶道、西欧下午茶等都起到了至关重要的影响。

以日本为例：（1）清代初期，一位隐元禅师东渡日本，带去了新的饮茶方式“瀹饮法”，使小型茶壶得到广泛应用；（2）这一时期还有很多文人雅士为躲避战乱远渡日本，带去了饮茶风尚及相关茶器；（3）19 世纪上半叶及日本的明治初期，煎茶道非常兴盛，故从中国进口了较多茶器，紫砂壶也是其中之一。《陶雅》一书中有："葛明祥乃乾嘉时人，欧（子明）葛瓷釉色略相似，在灰墨蓝绿之间，厂人鄙之，以为溺壶色。日本人美之以为海鼠色且谓四时花光皆与之相宜。日本人重泥，均以有纹者贱，细如鱼子者为下，盖纹片细碎乃阳羡砂之上釉者，欧氏之所仿也，要不得以广窑目之。"

东南亚外销中，华侨发挥了很大的作用。在闽粤沿海，自古就有下南洋讨生活的习俗，一些华侨在国外获得一些成就后，就将国内的茶叶、茶具甚至茶俗等都带去南洋，整体上拉动了茶叶、茶器等在东南亚人群中的消费。关于这一点，在南海水下沉船打捞中有较多材料可以证明，如：英裔澳人哈彻（Michael Hatcher）在1985年打捞的捷达麦森号（Geldermalson），共获得各类陶瓷器100余万件，他对保留的23.9万件青花瓷精品及125块金锭等委托荷兰佳士得拍卖行进行公开拍卖，获得了巨额财富；1999年打捞的泰兴号（Tek Sing）、2001年打捞的迪沙如号（Desaru）等，也都有很多茶器出水。

另外，在晚清至民国时期，随着近代中西方经贸往来以及国内商业资本的发展，广州的"广彩"瓷器、景德镇的彩瓷、宜兴的紫砂品牌等都远销欧洲，国内的商家也组团参加各种国际博览会，如：1915年巴拿马万国博览会、1917年美国芝加哥国际赛会等，获得了较多金奖，从而名声大噪。

至于中华茶文化对西欧的影响，英国剑桥大学麦克法兰教授在其《现代世界的诞生》一书中认为，中国茶叶从多方面影响了英国社会，很多饮茶的方式改变了人们的生活态度、女性地位、审美品位，甚至是整个国民的气质。他还认为，茶文化对于世界发展来说，有着主线和征服的意义，是英国工业革命的重要动力之一。自17世纪开始的英式下午茶，不仅风靡整个上层社会，也影响到普通民众的饮茶习惯，这些饮茶习惯和生产方式之间逐渐建立起密切关联，时至今日依然不可或缺。

有关茶文化外销的主要内容有：

（1）清代同茂东茶食行的广告包装印板（见图87），长14.3厘米、宽8.2厘米，内容为"官礼茶食""本铺开设在唐田街十字口东路北"等字样，保存较好，收藏于中国茶叶博物馆。

各类商行是清代主要的贸易机构，国内的商行通过行商会馆组织卖货

图 87　清代同茂东茶食行的广告包装印板

（源自：中国茶叶博物馆）

给外贸商行，如广州十三行中的同文行、怡和行等，从而形成贸易链条。当时广州最大的外贸商行——伍秉鉴的怡和行在东印度公司的交易里一直占据很大的份额，以 1830 年为例，怡和行售卖茶叶 50800 箱，价值约 120 万两白银。

（2）清中期青花加金彩山水人物纹茶器一组，其中茶壶：高 10.1 厘米、口径 9 厘米；茶叶罐：高 11.5 厘米、口径 2.6 厘米；花口杯：高 4.7 厘米、口径 8 厘米；茶托：高 3.4 厘米、口径 13.2 厘米（见图 88）。这一套海外回流的清代茶器，以茶壶、茶叶罐、茶杯及盏托组合而成，描金加青花之后，华丽之中透出清雅，中西风格巧妙融汇，极为精美，是清代中期外销茶器的代表之作。从其中茶叶罐的大小来看，其盛装的应该是最早生产并外销的武夷山红碎茶，英国人习惯称之为“Black tea”。

图 88　清中期青花加金彩山水人物纹茶器一组

（源自：中国茶叶博物馆）

第五章

末茶器考古图鉴

图 89　北宋铁质执壶（高 26.8 厘米）

（陕西考古研究院:《大临大雅——蓝田吕氏家族墓出土文物精粹》，文物出版社，2018 年 9 月）

图 90　唐代巩县窑黄釉风炉及茶釜（高 10.6 厘米，口径 12.8 厘米）
（源自：中国茶叶博物馆）

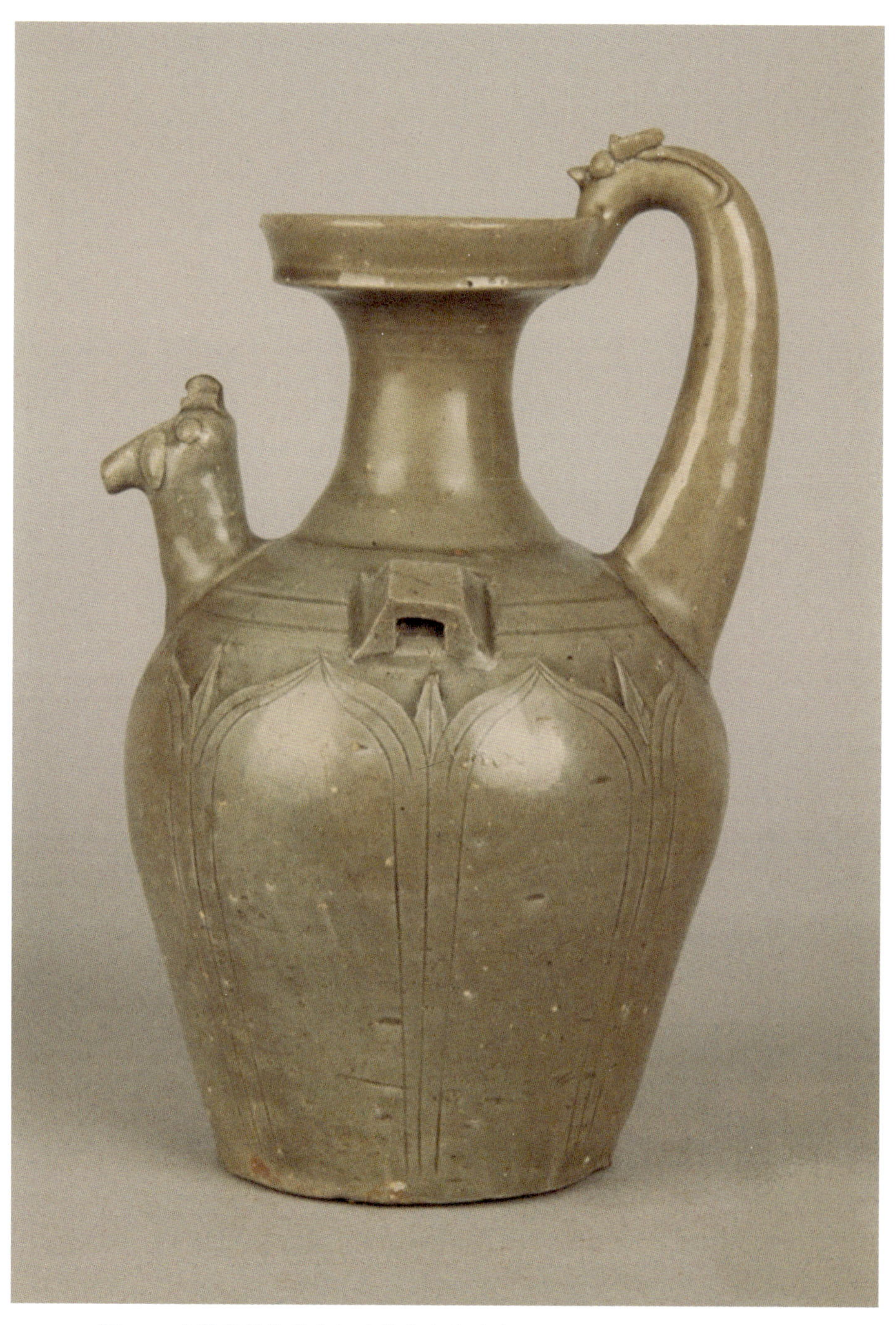

图 91　唐代青釉莲花龙柄鸡首青瓷壶（高 42.7 厘米，口径 9.2 厘米）

（源自：南京博物院）

图 92　宋代铜制末茶杯（高 6.4 厘米，口径 8.7 厘米）

（源自：南京博物院）

图 93　北宋烧茶用炭铲（长 29 厘米）

（陕西考古研究院:《大临大雅——蓝田吕氏家族墓出土文物精粹》，文物出版社，2018 年 9 月）

图 94　北宋骊山石铭文茶敦（高 23.5 厘米）

（陕西考古研究院：《大临大雅——蓝田吕氏家族墓出土文物精粹》，文物出版社，2018 年 9 月）

图 95　北宋青釉刻花牡丹纹瓶（高 28.4 厘米）

（陕西考古研究院:《大临大雅——蓝田吕氏家族墓出土文物精粹》，文物出版社，2018 年 9 月）

图 96 南宋大漆茶盏（带托直径 10.4 厘米，高 6.5 厘米）

（源自：南京博物院）

图 97　北宋茶事盒和末茶筒盒（一组五件，整体高 12.5 厘米）

（陕西考古研究院：《大临大雅——蓝田吕氏家族墓出土文物精粹》，文物出版社，2018 年 9 月）

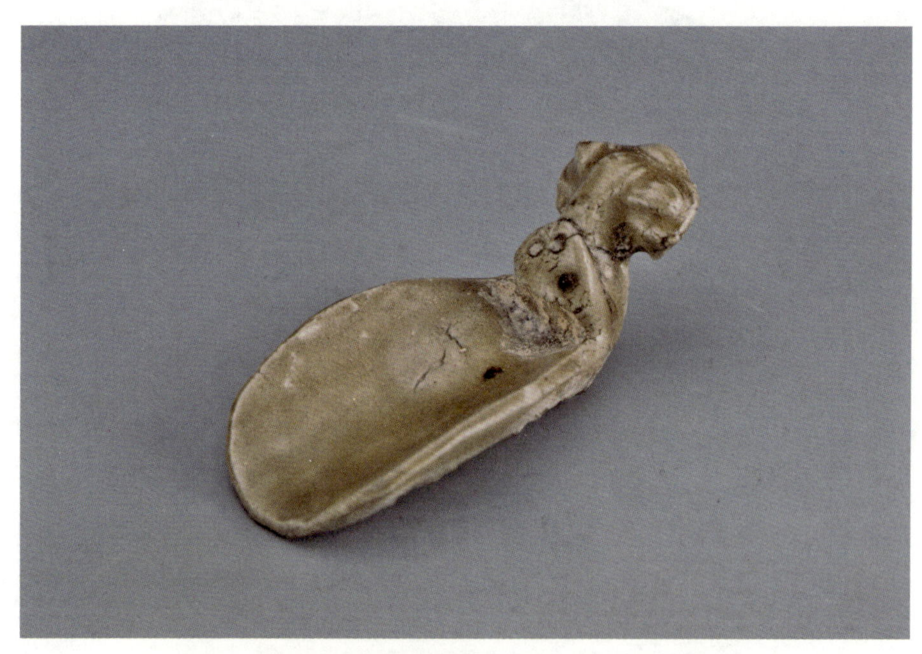

图 98　唐代越窑青釉龙柄茶匙（长 6 厘米　宽 2.6 厘米）

（源自：中国茶叶博物馆）

图 99　北宋石茶碾和石茶壶（茶碾长 27.2 厘米，茶壶高 11.5 厘米）

（陕西考古研究院：《大临大雅——蓝田吕氏家族墓出土文物精粹》，文物出版社，2018 年 9 月）

图 100　北宋白釉带托茶碗（高 10.8 厘米）

（陕西考古研究院：《大临大雅——蓝田吕氏家族墓出土文物精粹》，文物出版社，2018 年 9 月）

图 101　宋代耀州窑刻花青釉瓶（高 24.2 厘米，口径 5 厘米）

（源自：中国国家博物馆）

图 102 北宋黑釉金兔毫建盏（高 5.3 厘米，口径 11.6 厘米）

（陕西考古研究院：《大临大雅——蓝田吕氏家族墓出土文物精粹》，文物出版社，2018 年 9 月）

图 103　北宋白釉刻莲瓣纹大茶钵（高 15.5 厘米，口径 31.8 厘米）

（源自：中国国家博物馆）

图 104　元代枢府釉印花折沿末茶碗（高 5.0 厘米，口径 12 厘米）

（源自：中国茶叶博物馆）

图 105　北宋青釉刻花牡丹纹盖碗（高 10.4 厘米）

（陕西考古研究院：《大临大雅——蓝田吕氏家族墓出土文物精粹》，文物出版社，2018 年 9 月）

图 106　辽代鳞纹银壶（高 10.7 厘米，口径 7.2 厘米）
（源自：中国国家博物馆）

图 107　北宋青白釉印花牡丹纹银扣碗（口沿直径 13.8 厘米）

（陕西考古研究院：《大临大雅——蓝田吕氏家族墓出土文物精粹》，文物出版社，2018 年 9 月）

图 108　北宋莲花式银碗（高 3.7 厘米，口沿 9.6 厘米）
（源自：浙江省博物馆）

图 109　北宋带黑釉托的白茶盏（高 10.2 厘米）

（陕西考古研究院：《大临大雅——蓝田吕氏家族墓出土文物精粹》，文物出版社，2018 年 9 月）

图 110　北宋骊山石茶铫（高 11.8 厘米，口沿径 15.8 厘米）

（陕西考古研究院:《大临大雅——蓝田吕氏家族墓出土文物精粹》，文物出版社，2018 年 9 月）

图 111　北宋青白釉瓜棱腹带盖执壶（高 16.3 厘米）

（陕西考古研究院：《大临大雅——蓝田吕氏家族墓出土文物精粹》，文物出版社，2018 年 9 月）

图 112 宋代吉州窑鹧鸪斑茶盏（高 5.8 厘米，口径 10.8 厘米）

（源自：浙江省博物馆）

图 113　北宋黑釉鹧鸪斑建窑茶盏（口沿径 13.6 厘米）

（陕西考古研究院:《大临大雅——蓝田吕氏家族墓出土文物精粹》，文物出版社，2018 年 9 月）

图 114　唐代白釉煮茶器一组

（茶碾：高 4.5 厘米，长 18.3 厘米，宽 4.6 厘米；碾轮：直径 5 厘米；盏：高 3 厘米，口径 9.9 厘米；茶炉及茶釜：高 8.9 厘米，口径 11.3 厘米。出土于河南洛阳）

（源自：中国茶叶博物馆）

图 115　北宋青白釉茶会用瓷香薰（高 13 厘米）

（陕西考古研究院：《大临大雅——蓝田吕氏家族墓出土文物精粹》，文物出版社，2018 年 9 月）

图 116 宋代钧窑淡青色茶钵（高 5.8 厘米，口径 10.3 厘米）

（源自：江苏省苏州博物馆）

图 117　北宋青白釉带托末茶杯（高 6.4 厘米，口沿径 7.6 厘米）

（陕西考古研究院：《大临大雅——蓝田吕氏家族墓出土文物精粹》，文物出版社，2018 年 9 月）

图 118 宋代刻花琉璃茶碗（高 7.7 厘米，口沿径 10.4 厘米）

（陕西考古研究院：《大临大雅——蓝田吕氏家族墓出土文物精粹》，文物出版社，2018 年 9 月）

第六章 余论

在历代末茶器的考古发现中，我们看到了诸多工艺精湛、制作考究的经典文物，或华丽、或雅致，都能对茶器审美提供直接的证据。如果要总结的话，主要在于：(1）无论是上层社会的金银器，还是进口的琉璃器，或是建盏、定窑、湖田窑、漆器、石茶器，无不讲究实用审美，将造型、纹饰、色彩与实用美学相结合，器物美学文化属性明显；(2）关于末茶器的文化属性，核心在于中国传统文人情怀以及禅宗意象的承载，这儿不能分开去讲，作为一种融会贯通的生活习惯，具体就是严于律己、宽以待人、焚香净几、神游四海，且不断延展并成为民族精神特征的一部分；(3）从技术层面上来说，末茶器似乎要有套、组的讲究，以及每一件的功用，但相比较造物美学及文化传承，这些都不重要。一个是物态，一个是承载，都是随着时代和认知在不断发展的，如何思考审美属性和审美发展的问题，如何重新面对并捡拾末茶文化的意象内核才尤为重要。比如：用以制作“绣茶”“漏影春”的镂花勺的消失，和现代拉花、裱花茶的消失有没有关系？一切似乎都回不去从前，也无须回到从前。

第一节　末茶器的民族文化属性

关于末茶器的民族文化属性问题，前文已经罗列了很多资料，但是要看得更清楚，还是要置身于外围，并要把社会学、民俗学、美术学的观点融汇在一起，即所谓旁观者清。那么，大致可以有这样几个角度：(1）从商业看文化；(2）从宫廷看创新；(3）从禅宗看美学；(4）从文人看器物；(5）从周边族群看核心区；(6）从普罗大众看上层社会；(7）从海外看国内。这里边相对重要的，是第（4）点，将涉及更多审美观念和审美倾向问题。

陶瓷器也好，金银器也好，在本质上都是一种商品内容，相对比较高层级的，可以称之为实用艺术品。商业的目的是为了量产和营利，在营利的过程中，客户的需求是第一位的，一切都可以服从于客户的需求，即便在客户需求模糊的情况下，也会尽全力想象客户的需求，而并不会从属于自己的主观审美。例如：唐代黑石号沉船中所发现的大量长沙窑茶器，其壶、盏、碗上的装饰，显得非常随意而自由，图案与文字都是匠工快速描画，并不加任何设计和修饰。从盛唐审美的内容来看，这样的造型和色彩是很差的，那么为什么会是这样的？这是因为，在繁荣的商业氛围中，买卖双方的特征决定了一切。买方在尚不能制造瓷器、没有挑选余地，或者不太熟知东方色彩与文字表达的情况下，给出的要求只能是“快”“好”；而卖方既需要快速生产，又要尽可能完善商品，所以就出现了既不能代表自己又不能代表买方的临时性商业审美。

至于宫廷造物，是不需要考虑成本也不需要考虑流行的，要的是稀缺材质和极致工艺，以及独一无二，所以才会有了法门寺地宫里那样精妙绝伦的金银茶器。宫廷里的器物大致有两种，一种是皇家定制，用于宫廷摆设或者朝堂赏赐；还有一种就是各地官员的进献，数量也非常巨大，比如金银器就大多来自扬州或镇江。这一类器物的审美不代表流行，但却可以自上而下地引领时尚。在对这一类器物的分析和归类中应该单列，关于其艺术创造性特征，值得作为典型案例进行深入研究；而关于其社会属性及文化宽度，则无须太过强调，也就是说其艺术价值是高于文化价值的。在我们的中小学历史教材中，经常拿这一类物件来说事儿，有欠偏颇。

宗教是与世无争、立于世外的，最起码来说，和商业没有太多关联。佛教禅宗，主张明心见性，舍离义解、直彻心源，“一闻言下大悟，顿见真如本性”，对于社会文化有过一定影响，在唐宋时期创造了较多成就。禅宗美学的成就在于：

丰富了中国古典美学内容，在较长的历史时段内渗透到了社会各个层面，尤其是文人士大夫的生活，深刻影响了一部分诗人、画家以及器物美学的艺术创作，让他们对生命的存在、价值、意义等进行了智慧的思考。对于末茶文化来说，则讲究心与茶、人与茶之间的互通，所谓“正、清、和、雅”。

“正”即八正道：正见、正思维、正语、正业、正命、正精进、正念、正定；“清”就是清净心；“和”即六和敬：身和同住、口和无诤、意和同悦、戒和同修、见和同解、利和同均；“雅”就是脱俗。古代禅寺中茶仪很多，大部分会设置“茶寮”，也会有“茶供”“茶汤会”等。影响到日本，形成了所谓“侘寂风”，讲究质朴和天然。还要说一点，就是禅宗并没有任何教义或书籍是特指审美的，其本身并无意建构什么美学，但禅宗和艺术之间是密不可分的，互为使用、互为表征。

中国传统美学中，一大部分来自文人士大夫阶层，其所构建的精神殿堂影响了传统认知几千年，形成以中国为主导的东方美学，其核心在“意象”、在于内蕴和承载。比如：中国画又称文人画，以水墨寄情于山水，除了“应物象形、随类赋彩”之外，更讲究“气韵生动、形神兼备”，与西方的写实表现根本就是两回事。柳宗元《邕州柳中丞马退山茅亭记》中：“夫美不自美，因人而彰。兰亭也，不遭右军，则清湍修竹，芜没于空山矣”，大致也能说明白这个道理。末茶文化中的美学，在文人士大夫看来，是一种“清趣”，是低调的、内蕴的、超越的，其所承载的内容比“茶礼”还高，等同于一种艺术活动，对于中国文人的精神需求至关重要。唐代诗人卢仝所作《走笔谢孟谏议寄新茶》：“一碗喉吻润，二碗破孤闷。三碗搜枯肠，惟有文字五千卷。四碗发轻汗，平生不平事，尽向毛孔散。五碗肌骨清，六碗通仙灵。七碗吃不得也，唯觉两腋习习清风生。”所谓“形而上者谓之道，形而下者谓之器”，从文人角度看茶器的话，看的也不是一般的用具，而是色彩、造型、质感、手感，追求的是“道在器中”“以器载道”“以器启道”，器与道之间的关系长期影响着古代造物实践，也成为中国茶文化最主要的支撑之一。

华夏大地幅员辽阔，周边族群和核心区文化之间的差异和交融，一直贯穿于整个历史，从东南的吴越文化到西北的草原文化，如果说“以汉化俗”是来自于核心区的干预；那么，“因俗而治”则可以理解为地方内容对于核心区的影响。前文我们讲过，草原文化中的茶文化更多的是吸收和汲取中原地区的茶文化，其茶叶、茶器和茶俗的基础薄弱，基本没有可以影响到中原的内容。而东南区域则不同，除了作为茶叶主产区的存在，还是茶器生产的引领者，在不同的时期，无论是建茶、红茶，还是青瓷、建盏，都是以地方文明影响或者参与到中原核心区文化的建设中去，而且拥有较重要的话语权。

在几千年儒家文化洗礼中，普通大众对于文人士大夫阶层、对于上层社会都是恭敬有加的，他们会认同各种茶礼或茶俗，但除了茶农以外，大部分人对于茶文化的认知其实并不多。前文我们所看到的大量茶器考古遗存，绝大部分都是来自官宦之家，很少见到有民间存世的成套茶器。民间的茶器，在很长一段时间内，用的都是最普通的地方窑口陶瓷器，并不能代表艺术审美。而历史上的民间饮茶普及，也仅见于唐宋时期的一些大城市。

还有一个，就是从海外看国内，有大量的资料可以表明，海外茶文化的源起都与中国茶文化息息相关，尤其是末茶文化的内容。两宋时期，日本人大量引进中国茶文化内容，在对于建盏茶碗的价值评议中称："曜变，建盏之无上神品，乃世上罕见之物，其地黑，有小而薄之星斑，围绕之玉白色晕，美如织锦，万匹之物也。油滴是仅次于曜变的第二重宝，值五千匹绢。"到了 16 世纪中叶，欧洲社会最珍贵的礼物就是中国瓷器，他们就像"寻求黄金"一样到处搜罗，甚至可以用卫兵来交换中国瓷器。这些，足以说明，中国茶文化的高高在上，以及中国茶文化对于世界茶文化的贡献。时至今日，在文物艺术品市场，也并没有什么其他国家古代实用器可以超越中国瓷器的价格。还有一点要说明的是，国内用瓷和外销瓷器有很多区别，在色彩、造型以及内容表达、审美倾向上都不一样，也就影响着各自不同的艺术价值。

第二节　末茶器审美的未来发展

末茶器审美是和末茶文化的推广普及在一起的，如果离开末茶的社会认同，那么末茶器的审美和创新也就无从谈起。

末茶器未来的发展，或者说以末茶为主题的造物美学，还是要建立在传统茶器的基础之上，以实际生活为出发点，注重物质与精神、内容与形式的统一，将材质应用和色彩、造型、科技巧妙融合，凸显新时代审美，创造真正属于新东方美学的末茶器组合。在这里面，要避开两点，一个是简单粗暴的复制，一个是新奇虚无的侵入。

“器以藏礼”，一套用于茶食的器皿，其造型、纹饰、色彩、材质等通过艺术的结合形成外在样式，而这些外在样式一定要承载起茶仪、茶礼、茶人，要贯穿生活美学，代表一定人群的秩序、和谐的生活方式。

一组新颖的设计，要建构在对现代人群生活方式充分理解和深刻认知的基础之上，符合不同场景的相应需求，对设计师的要求很高，要从茶会本身和艺术原则两个层面进行多元化、合理化安排。也就是说，对于现代末茶器的设计，不但要满足新时代社会情境下多样化的物质生活，还要满足不同阶层人们日益丰富的精神生活需求；在倡导主流审美的同时，也可以存在个性审美，把美的形式与实用功能充分结合，给体验中的人们带来愉悦和情趣。

一套精美的末茶器，应该具有中国古典哲学的内在归属，要从属于周围环境的品质状态，呈现自然的、上升的、智慧的生命意识，追寻意象世界的美感。唐代陆龟蒙《奉和袭美茶具十咏》中“岂如珪璧姿，又有烟岚色。光参筠席上，韵雅金罍侧”的诗句，将茶器在茶会活动中应该有的状态描写得很是美妙，这样的审美体验是超理性的，禅宗的要义也就在这里，而恰到好处的艺术呈现则是通往“大道至简”“道器共生”的主要渠道。

华东师范大学 [signature]